本书属于国家自然科学基金重点项目（71333007）子课题“中国企业转型升级的机制与政策”研究成果系列丛书——“中国企业转型升级论丛”

李晓宇 / 著

企业的非连续创新理论

基于家族控制权和企业环境的视角

THE THEORY OF DISCONTINUOUS INNOVATION

FROM A PERSPECTIVE OF FAMILY CONTROL AND CORPORATE ENVIRONMENT

南方日报出版社
NANFANG DAILY PRESS
中国·广州

图书在版编目（CIP）数据

企业的非连续创新理论：基于家族控制权和企业环境的视角 / 李晓宇著. --广州：南方日报出版社，2020. 4
ISBN 978-7-5491-2139-7

Ⅰ. ①企… Ⅱ. ①李… Ⅲ. ①家族－私营企业－企业管理－研究－中国 Ⅳ. ①F279.245

中国版本图书馆 CIP 数据核字(2020)第 001978 号

QIYE DE FEILIANXU CHUANGXIN LILUN
企业的非连续创新理论：基于家族控制权和企业环境的视角

著　　者：李晓宇
出版发行：南方日报出版社
地　　址：广州市广州大道中 289 号
出 版 人：周山丹
责任编辑：刘志一　李　哲
责任技编：王　兰
封面设计：肖晓文
责任校对：阮昌汉
经　　销：全国新华书店
印　　刷：广州市尚铭印刷有限公司
开　　本：787mm×1092mm　1/16
印　　张：10
字　　数：150 千字
版　　次：2020 年 4 月第 1 版
印　　次：2020 年 4 月第 1 次印刷
定　　价：48.00 元

投稿热线：（020）87360640　　读者热线：（020）87363865

序

创新是个一直持续的话题，尤其是在当前中国的环境下。中国面临经济结构转型，从传统的以出口和投资主导的经济转向以消费和科技主导的经济结构，特别是在中美贸易战的大背景下，科技和创新将在未来中国经济的转型发展过程中发挥越来越重要的作用。如何进行创新？中国经济已经高速发展了几十年，简单的、容易的创新早已实现，难的是复杂的、需要重大突破的创新，这对于中国经济，对于中国企业是个巨大的挑战。由于环境使然，我们这些学者身处广东。在广东，民营经济占有较大的比重，特别是家族企业在广东民营经济中更具有特殊的地位。在当前粤港澳大湾区建设的大背景下，探讨家族企业如何顺利实现创新就具有较为现实的意义了，这也是我一直在思考的问题。

当晓宇把他的书稿给到我的时候，我感到很高兴，因为这篇书稿探讨的问题正是我一直也在注意的一个问题。家族企业和创新，中国家族企业现在面临的问题不是简单的模仿，而是如何实现根本性的创新，同时家族企业不同于一般的企业，家族意味着传承，家族在企业创新中扮演什么角色，这些都是很有意思的研究课题。

晓宇具有工科技术背景，在企业界工作多年，对于科技创新具有自己较深的理解。后又从事金融行业，接触过很多民营的上市公司，我相信他选择这个课题很大的原因来自对于科技的敏感和对于家族企业的观察。考虑到晓宇的个人背景，晓宇在这个课题上的研究具有自己一定的优势。

晓宇把关注点聚焦在非连续创新上，我认为这抓住了问题的本质，也契合了现在时代的脉搏。在当今从中央到地方都在大力关注科技和创新的大背景下，实现非连续创新，是实现中国科技创新和企业跨越式发展的重要途径。中国创新在以前更多的是连续性的创新，重大的技术突破较为少见。面对未来新兴科技的发展和复杂的国际环境，中国经济需要更多的非连续创新。不同于连续性创新，非连续创新在技术上具有根本性的突破，这就对企业的组织架构、内部制度，甚至企业文化等提出了更高的要求。能否有产生非连续创新的土壤，还存在哪些不足，有哪些障碍，这些都需要理论以及实证的探讨。这方面的研究，在国内还显得较为稀缺。特别是在家族企业的环境下，如何顺利实现非连续创新，这方面的研究，无论是在国内还是在国外，都还非常欠缺。晓宇在这方面的研究，从理论和实证上对于这个领域的探索，有着积极的意义。

让我感到欣慰的是，晓宇在这本书中，有自己的理论突破，比如，晓宇结合资源依赖理论和制度理论，提出了企业非连续创新采纳的关键因素模型，将影响企业非连续创新采纳的关键因素，总结为三个方面，分别是外部资源依赖因素、内部制度因素和文化—认知因素，并认为在家族企业的环境下，家族控制正是通过对这三种关键因素施加主要影响，进而影响到家族企业的非连续创新采纳。我认为这种理论探索是值得鼓励的，只有勇于探索，严格求证，才能在理论上有所突破，进而指导企业家的创新实践活动。

尤为可贵的是，晓宇在该书中不仅有自己理论上的创新，还在实证上有自己的突破。在非连续创新的界定和测量上，学术界有众多的说法，晓宇结合中国的国情和实践，提出了中国环境下非连续创新的界定和测量的方法，晓宇提出“在企业无形资产栏目中，技术（发明专利/非专利技术/专有技术）的本期增加值代表了企业在非连续创新上所获得的新知识的程度，可以用来测量企业的非连续创新。该测量标准和方法可以用于在中国环境下的非连续创新的实证研究”。该方法对于非连续创新在中国的实证研究是有益的探索，方便了非连续创新在中国环境下的定量测量，也为后续的研究提供了一条可供参考的研究路径。

最后，晓宇根据自己的研究结果提出，家族企业家在面对非连续创新采纳时，面临一种两难的境地，而这种两难境地的产生，来自中国家族企业面临的环境和国外家族企业有较大的不同。中国经济在短短几十年的时间，走过了国外超过百年的发展道路，中国家族企业相比于国外家族企业，环境更加多变，企业家更加进取，思维也更加灵活多变，所以在创新的传导机制上，中国家族企业和国外家族企业也应该有较大的不同。这种现象正是广东省民营经济发展的缩影，广东省民营经济以敢为天下先的精神，锐意进取，在传统经济的时代取得了巨大的发展，但在新的科技浪潮来临的时候，也面临后续拓展乏力、无从下手的困境。所以，晓宇在这方面的研究，也有现实的意义。

粤港澳大湾区的民营家族企业数量在全国范围内有较大比例，长期以来，尤其是改革开放的四十多年，粤港澳大湾区家族企业蓬勃发展。但是，粤港澳大湾区的家族企业获得的这些成就，主要是在以投资为主导、依靠人口红利的背景下取得的。在未来中国人口红利逐渐消失，新一轮的科技革命正在逐步到来的时候，家族企业要想继续获得成功，必须大力发展科技和创新，特别是非连续创新。我觉得晓宇的这本书正当其时，对于粤港澳大湾区家族企业的转型研究是有益的探索。

希望以后有越来越多的这方面的研究。

王　霄
管理学博士、教授、博士生导师
暨南大学管理学院 DBA 教育中心学术主任
暨南大学跨文化管理研究中心执行主任
暨南大学“一带一路”与粤港澳大湾区研究院研究员
广东产业转型升级协同创新中心高级研究员
广州市产业园区商会创会副会长

前言

企业非连续创新的研究在当今学术界是前沿的研究课题，但当前的研究总体还停留在早期的阶段，更加缺少实证方面的研究。但是，当今的社会变化日新月异，人类社会正在进入5G、人工智能的新时代，企业面临的技术、经济、社会环境和以前有巨大的不同，以5G和人工智能为代表的新一代技术的崛起带来了企业未来的生产工作流程、经营模式乃至管理理念和以前有巨大的不同，企业必须面对这种巨大技术变革带来的全方位的改变，非连续创新便应运而生了。可以说，非连续创新是个前沿并且将持续相当长一段时间的话题，除非人类社会没有较大的科技进步，这显然在当今社会是不现实的。当今社会最大的特点就是变化，从5G、人工智能，到中美贸易争端带来的芯片等技术的急迫的突破需求，从技术变革到管理变革，企业也亟须在这种剧烈变化的环境下顺利实现转型升级。而这种变革时常是以非连续创新的方式体现出来的，所以对于非连续创新的研究具有时代的意义。

举例来说，在5G时代，由于公网网络传输速度10倍的提升，企业的工业流程也将发生巨大的变化，按需生产将成为可能，企业在生产流程中将不需要那么多的库存，因为企业销售、生产当中的每个环节的信息几乎可以无缝共享给其他环节，企业生产制造将根据销售乃至生产每个环节的情况动态调整库存，而不是像以前一样，企业囤积大量的库存来应对突然发生的销售行为，这将极大地提高企业的生产经营效率和运营能力，而要完成这些变革，企业必须理解这种技术变革所带来的变化，进而对整个流程乃至管理架构进行巨大的调整。

再举例来说，在人工智能的时代，很多人类的重复活动可以用机器来替代，甚至机器可以具有部分人的思维，比如部分逻辑推演的能力，类似“阿尔法狗”那样的围棋推演能力。企业的研发流程也将发生较大的变化，人类可能更加聚焦于整个系统层面的设计，而具体的计算和演进的工作将交给机器来完成。在人工智能的时代，可能劳动力就不是一个稀缺的因素了，大量的重复劳动由机器来替代，这当然也将带来企业组织架构和管理思维的巨大变化。

上面这两个例子都是技术的巨大进步给社会和企业带来的挑战，企业要直面这种技术突变带来的挑战，首先必须接纳这种技术变革，否则就会被社会所淘汰。本书的主要目的就是希望能够探讨这种非连续的技术创新在企业层面的采纳行为，希望能够给现代的企业一些启发。

在现代企业中，家族企业占有相当大的比重，特别是在当今中国，民营企业解决了大部分的就业机会，在这些民营企业中，大量的企业是以家族企业的方式存在的。所以，家族企业在这种剧烈变化的社会中，如何应对非连续创新，就是个有趣、重要而且前沿的研究话题。但是，目前关于企业非连续创新的家族影响机制的研究却非常缺乏。国外现有的关于家族、家族企业和非连续创新之间作用机制的研究都是基于国外相对成熟稳定的经济环境以及国外成立时间较长且传承多代的家族企业，而国内的家族企业普遍成立时间较短，并且外部环境经常迅速剧烈变动，在这种情境下的家族对家族企业非连续创新采纳的影响机制，在国内与国外可能存在较大的差异。因此，研究中国环境下的家族对企业非连续创新采纳的影响机制有着理论和现实上的较大意义。

本书在总结前人研究成果的基础上，结合非连续创新理论、家族理论、制度理论和资源依赖理论，从家族控制权和企业环境的视角考察家族控制对企业非连续创新采纳的影响，提出了上市家族企业非连续创新采纳强度的影响机制假设模型。

为验证本研究提出的假设模型，本书采用独创的非连续创新采纳强度的测量标准和方法，应用 STATA11.0 软件，对中国 519 家上市家族企业的数据进行验证，研究结果发现：(1) 家族控制负向影响非连续创新采纳强度。(2) 外部资源依赖因素、内部制度因素和文化—认知因素分别中介并弱化了家族控制与非连续创新采纳强度之间的负向关系。(3) 规模分别负向调节了家族控制与外部资源依赖因素、文化—认知之间的正向关系；区域正向调节了家族控制与外部资源依赖因素之间的正向关系，区域负向调节了家族控制与文化—认知因素之间的正向关系。

本书主要得到以下研究结论：(1) 家族控制降低了家族企业的非连续创新采纳强度。(2) 外部资源依赖因素、内部制度因素和文化—认知因素是家族控制与家族企业非连续创新采纳强度之间关系有效的中介机制。(3) 企业规模减弱了家族控制对家族企业非连续创新采纳强度的负向影响，企业规模减弱了家族控制对外部资源依赖因素、文化—认知因素的正向影响；区域增强了家族控制对外部资源依赖因素的正向影响，区域减弱了家族控制对文化—认知因素的正向影响。

从本书的研究结论中可以发现，中国和国外的家族企业非连续创新采纳的影响机制存在较大的差异，这种差异来自于中国和国外的家族企业在内在动力和外部环境的较大的差异。

从本书的研究结论中还可以发现，中国上市家族企业在非连续创新的采纳上，面临一种两难的境地。一方面，家族控制可以直接对企业的非连续创新采纳强度发生负向的影响；同时另一方面，家族控制也可以通过外部资源依赖因素、内部制度因素和文化—认知因素的中介传导机制对非连续创新的采纳强度发生正向的影响，家族企业不得不在这种两难的境地下做出平衡。

本书研究的主要理论贡献如下：首先，本书在总结前人理论的基础上界定了中国环境下的非连续创新，并提出了可用于实证研究的测量非连续创新采纳强度的标准和方法，对于非连续创新理论在标准化方面的研究提供了有益的参考。其次，本书在总结前人理论的基础上，结合制度和资源依赖理论，从企业环境的视角考察企业非连续创新，归纳并提出了影响企业非连续创新采纳的关键因素模型，这一关键因素模型丰富了制度理论和资源依赖理论在实践中的应用，为制度理论和资源依赖理论融合解决实际理论问题提供了新的范例。这一关键因素模型还丰富了家族理论和创新理论，并为这两种理论提供了考察非连续创新的可供参考的理论框架。再次，本书在总结前人理论的基础上，采用本书提出的影响企业非连续创新采纳的关键因素模型，提出了上市家族企业非连续创新采纳强度的影响机制模型和假设。最后，本书采用独创的非连续创新采纳强度的测量标准和方法，对中国 519 家上市家族企业进行数据验证，验证了本书所提出的上市家族企业非连续创新采纳强度的影响机制模型及其假设。

希望本书提出的非连续创新理论可以为在转型升级大潮中的中国企业，特别是家族企业，在应对如何转型升级、如何顺利实现非连续创新的问题时，提供一些有益的理论指导。这将是本书作者的最大心愿！

目 录
CONTENTS

第1章 研究课题的由来

第2章 非连续创新与非连续创新采纳理论综述

第3章 非连续创新和非连续创新采纳在中国环境下的界定和测量

第4章 家族企业和家族控制的界定和测量

第5章 企业环境视角下的影响非连续创新采纳的关键因素模型

第6章 中国环境下家族企业非连续创新采纳强度的影响机制模型

第7章 中国上市家族企业非连续创新采纳强度影响机制的实证检验

第 1 章　研究课题的由来

研究问题的提出

近些年来，非连续创新（discontinuous innovation）研究是学术界研究的热点。关于非连续创新研究，学术界有几十年的研究历史，但至今对于非连续创新没有统一的定义。原因在于不同的学者都是从自己的视角来描述非连续创新，而不同学者的背景差异较大。诸多研究之中，共同点是，非连续创新主要是技术上的创新；非连续技术和原有的技术相比有较大或根本性的进步；新的技术相比旧有的技术越新颖，该技术越非连续（Carroad，1982）；环境的非连续引起了非连续变革。而在哪些创新是非连续创新，哪些创新是连续性创新，以及非连续创新发生的程度的问题上，学术界还未有定论。

关于非连续创新采纳的研究目前主要的进展在国外。国外学术界在这方面的研究关注的焦点多在于在位企业什么时间和怎样进行非连续创新（Chesbrogh，2001；Hill and Rothaermel，2003）。Huff 和 Thomas（1992）指出，在位企业有抵制脱离组织原有框架进行战略重构的倾向。

为了描述在位企业在进行非连续创新时的关键影响因素，西方学者们建立了多重的理论。大部分西方学者们认为在非连续创新采纳中，企业遇到的关键影响因素主要有：高度的正式化（Hannan and Freeman，1984）、对外部资本的依赖（Christensen and Bower，1996）、政治阻力（Tushman et al.，1986）、对现存资产的情感纽带（Burgelman and Grove，1996）和刻板的思维方式（Tripsas and Gravetti，2000）。

但是，另一部分学者却认为，上述影响非连续创新采纳的关键因素并非不可避免，同时也经常发生较大的偏差（König et al.，2012；Mitchell，1989）。他们提出了一些在企业非连续创新采纳中发生作用的企业因素，主要有企业的结构分离的作用（Tushman and O'Reilly，1996）、证券分析师偏好（Benner，2007）以及首席执行官的过度乐观。

Gilbert 在 2005 年对非连续创新理论有重要贡献，他通过案例研究指出，在面对非连续创新变革时，在位企业往往未能及时响应。这一普遍的现象可以被分为两种不同的类型：资源守旧和程序老套。企业经理人对非连续创新变革所带来的威胁感知，导致在资源守旧和程序老套之间的两难问题。

关于家族对非连续创新变革的研究，Hatum、Pettigrew 和 Michelini 在 2010 年，Zahra 在 2010 年指出大量的研究是关于家族企业对变革的反应。但是关于家族对非线性创新的影响研究却几乎是空白。但是，家族在企业的运作中，特别是在家族企业的运作以及战略变革的采纳和实施当中担当了重要的角色（Fiss and Zajac，2004），家族在家族企业非连续创新变革采纳当中的影响作用也毋庸置疑。

Hill 和 Rothermel 在 2003 年指出家族对影响企业非连续创新采纳的 5 种关键影响因素有影响。Carney 在 2005 年也指出家族有助于降低影响企业采纳非连续创新的组织正式化和对资本市场的短期盈利导向。

König、Kammerlander 和 Enders 在 2013 年指出家族通过对影响非连续性变革的五种因素产生影响，进而对企业非连续创新采纳产生影响。并提出了一系列假设，主要有：家族减弱了企业的正式化程度、对外部资本的依赖和企业内部的政治阻力，增强了企业的情感纽带和刻板的思维模式。这些学者提出了企业的非连续创新采纳聚焦于四个维度：非连续变革采纳的速度、强度、持续性和灵活性，并进一步提出了家族对企业非连续创新采纳的影响模型。但是该理论仅限于在国外成熟稳定经济环境下的理论推导，缺乏实证研究。

可以看出，目前学术界对于家族在企业非连续创新采纳中的影响机制仅限于很少的理论研究，研究的背景也集中于国外成熟稳定的经济，研究的对象也限于国外历史悠久的家族企业。国内对于家族在中国家族企业非连续创新采纳中的影响机制还缺少理论方面的研究。特别地，对于家族在非连续创新采纳中的影响机制，国内外学术界还缺少实证方面的研究。

中国目前正在经历急速的转型，党的十九大报告提出了建设现代化经济体系的战略目标，可以想象至少未来的十年，转型将成为中国社会和经济发展的主线。国家通过发展节能环保、新兴信息产业、生物产业、新能源、新能源汽车、高端装备制造业和新材料七大战略新兴产业来促进经济结构转型，为此制定的目标是："到 2015 年，战略性新兴产业形成健康发展、协调推进的基本格局，增加值占国内生产总值的比重达到 8% 左右；到 2020 年，战略性新兴产业的增加值占国内生产总值的比重达到 15% 左右；到 2030 年，战略性新兴产业的整体创新能力和产业发展水平达到世界先进水平，为经济社会可持续发展提供强有力的支撑。”特别是在当今，以 5G、人工智能、新能源汽车为代表的新一代的技术革命正在奔涌而来，企业面临的环境也将发生巨大的变化，企业唯有顺应这种变化才能在环境剧烈变化的时代获得一席之地。

在中国急速发展和变革的社会中，身处中国转型大潮之中的中国家族企业也面临着艰难而必须进行的转型，从传统的劳动密集型经济转型为知识和技术密集型经济，这对于中国民营家族企业提出了很高的要求，中国的很多家族企业将不得不面临与传统路径不同的非连续创新变革。魏江、冯军政和王海军（2011）探讨了中国制度转型背景下动态环境对企业组织适应性成长路径的影响，指出非连续创新是转型经济背景下中国企业加速组织适应性的战略性选择。

特别地，关于家族在企业非连续创新采纳中的作用机制，现有的研究也基本是在国外相对成熟稳定的经济、社会环境下做出的，在中国这个急速变化的环境下，关于这方面的研究却很少。同时，中国的家族企业基本都是在改革开放后成立的，企业年龄普遍都很短，而国外的家族企业成立时间普遍都很悠久，有着长远的家族传承。基于国外的成熟稳定的经济环境和历史悠久的家族企业基础之上建立起来的家族企业非连续创新影响机制的理论，在中国这个特殊的土壤环境之下是否合适，还需要理论和实证进一步的分析和检验。

而且，中国的企业特别是上市企业当中，家族企业占有相当大的比重，这些家族企业在中国这个急速转型的社会当中，也迫切需要转型升级，企业往往需要做出根本性的非连续创新。因而研究在中国的环境下，家族企业由于转型升级的需要如何应对非连续创新，具体地探讨上市家族企业非连续创新采纳的影响机制在理论和实践上有着重要的意义。本书将就这一问题作出自己的探讨。

本书研究思路

本书研究的技术思路为：

（1）通过整理国内外关于非连续创新、家族理论以及相互作用机制的相关理论和实证研究文献，找到本书的研究方向和路径。

（2）在对国内外相关理论综合总结和评述的基础上，建立上市家族企业非连续创新采纳影响机制的概念模型，提出本书的研究假设。

（3）根据本书提出的概念模型和实际研究的需要，结合我国实际国情，建立衡量家族和非连续创新采纳的指标体系，确定本书研究的自变量、因变量和中间变量，建立分析模型。

（4）数据收集阶段。根据确定的自变量、因变量和其他变量对国内上市家族企业相关数据进行收集整理。

（5）结合收集和整理的数据案例对本书研究的内容进行分析。

（6）利用统计软件对所收集到的样本数据进行统计分析，得到实证分析结果，对本书提出的研究假设和上市家族企业非连续创新采纳的影响机制概念模型进行验证。

（7）对研究的结果进行讨论和分析。

（8）导出本书的研究结论，对我国家族企业顺利转型提出发展建议以及介绍本书的研究局限和未来展望。

具体研究思路如下：

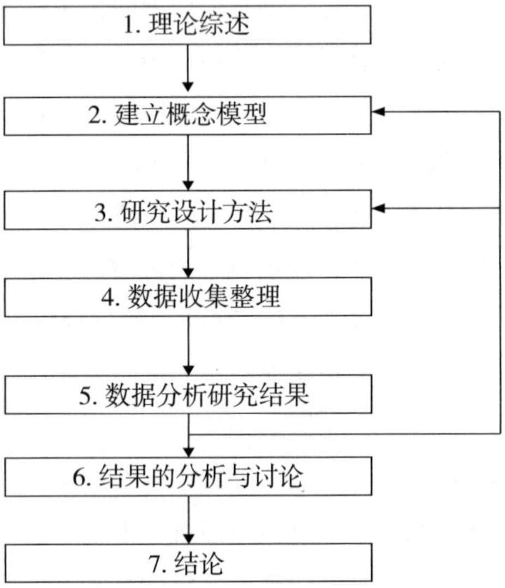

图 1－1　本书的研究思路

本书研究的目的和意义

本书研究目的主要有以下几个方面：

（1）在前人研究文献的理论基础之上，建立中国环境下的家族企业非连续创新采纳影响机制模型。该理论模型充分考虑影响中国上市家族企业非连续创新采纳的主要因素，基于家族控制权和企业环境的视角，为中国家族企业的顺利转型提供理论框架指导。

（2）本书采用实证研究方法，利用中国上市公司数据，充分考虑中国的国情，探讨家族对中国上市家族企业非连续创新采纳的影响机制。

（3）考察家族控制与非连续创新采纳强度之间的调节机制和中介机制，具体来讲，考察上市家族企业所在区域和规模对家族控制与中介变量之间的调节作用以及外部资源依赖因素、内部制度因素、文化—认知因素在家族控制与非连续创新采纳强度之间的中介作用。

本书的研究意义主要有以下几个方面：

（1）丰富了非连续创新理论和家族理论。原有的非连续创新的研究多集中在企业什么时间和怎样采用非连续创新，但是对于家族在企业非连续创新采纳中的影响机制的研究却很少，特别对于在中国这种传统和现代交织、急速多变的背景下的研究就更加稀少了。本书通过对中国上市家族企业的实证研究，提出了上市家族企业非连续创新采纳的影响机制模型，丰富了非连续创新理论和家族理论。

（2）在中国这样一个急速转型和变革的社会，家族企业在经济中占有相当大的比重，家族企业需要面对复杂和多变的环境，众多的中国家族企业需要实现从传统经济向新经济的过渡，在这一过程中，企业将直面非连续创新。在中国这样的环境下，研究家族在企业非连续创新采纳中的影响机制，将具有重要的现实意义。

（3）为中国家族企业的顺利转型提供理论框架指导。中国家族企业在转型当中，面临众多复杂的局面，这些复杂的情况不仅来自经济上，也来自公司治理等诸多因素，而中国传统的家族企业由于知识结构、文化视野等诸多局限，在非连续创新过程中往往不能够顺利实现转型。本书的研究成果希望能够为中国家族企业在非连续创新过程中的顺利转型升级提供有益的理论指导，为中国的经济结构转型贡献自己的力量。

本书贡献和创新

本书在总结前人理论的基础上界定了中国环境下的非连续创新和非连续创新采纳强度，并提出了可用于实证研究的测量非连续创新采纳强度的标准和方法，丰富了非连续创新理论，对于非连续创新理论在标准化方面的研究提供了可供借鉴的参考。

本书在总结前人理论的基础上，结合制度和资源依赖理论，从企业环境的视角考察企业非连续创新采纳，归纳并提出了影响企业非连续创新采纳的关键因素模型。这一关键因素模型丰富了制度理论、资源依赖理论、家族理论和创新理论。

本书在总结前人理论的基础上，采用本书中提出的影响企业非连续创新采纳的关键因素模型，提出了上市家族企业非连续创新采纳强度的影响机制模型和假设。

本书采用本书提出的非连续创新采纳强度的测量标准和方法，对中国519家上市家族企业进行数据验证，验证了本书所提出的中国上市家族企业非连续创新采纳强度的影响机制模型及其假设。

验证结果发现，中国上市家族企业非连续创新采纳的影响机制和国外存在差异。这可能是由于中国和国外的家族企业面临的内外环境有很大的不同。

验证结果还发现，中国的上市家族企业在面对非连续创新的采纳和投入时将不得不面对一种两难的境地：一方面，家族控制可以直接对企业的非连续创新采纳强度发生负向的作用机制；另一方面，家族控制也可以通过外部资源依赖因素、内部制度因素和文化—认知因素的中介效应对非连续创新的采纳强度发生正向的作用机制，家族企业需要在这两者之间寻找平衡。

根据本书的模型，可以对中国家族企业非连续创新采纳选择提供有益的帮助。

第 2 章　非连续创新与非连续创新采纳理论综述

非连续创新（discontinuous innovation）的研究，在学术界有三十多年的历史，至今依然是学术界的研究热点，在管理、工程、商业、产业和公司变革等诸多领域成为大家热衷讨论的课题。但是，至今学术界对于非连续创新没有统一的定义，原因在于学者们都是基于自己的视角和背景来考察非连续创新，非连续创新的研究依然处于探索的阶段。

非连续创新是相对于连续性创新而言的。近些年来，关于创新的研究取得了较大的进展，Christensen（1997）提出了破坏性创新（disruptive innovation）和维持性创新（sustaining innovation）的概念，丰富了创新的理论。非连续创新不同于破坏性创新，前者侧重于技术维度，而后者侧重于市场维度，为了准确理解，后面有必要对此做清晰的界定。

目前非连续创新的研究总体还处于早期描述性和标准化两个阶段（Christensen，2006），已有的理论还不足以对复杂现象进行解释，因此案例研究或是实证研究就显得迫切和必要了，特别是在中国这样一个传统和现代交织、不同于国外的复杂多变的环境下。

非连续创新的起源

非连续创新是相对于连续性创新而言的。非连续创新和连续性创新更多的是从技术的维度来理解。连续性创新是渐进的，它建立在现有的技术、市场和设施之上，而非连续创新建立在全新的知识或是各种知识融合的基础之上。所以，非连续创新起源于技术和市场的相互关系。技术发展一方面可能会超越市场需求，另一方面可能会低于市场需求，在技术和市场不一致的情况下，非连续创新的机会便会产生（徐河军等，2003）。

学术界经常利用技术S曲线来解释非连续创新。技术S曲线表示产品在所投入的资源如时间、资金等要素和产品的性能改进之间的关系。在技术性能改进的初期，企业投入了的大量的资源（时间/金钱/人员等），但是产品性能的改进却非常缓慢。随着资源的不断投入，技术进步的速度也在加快，技术S曲线在一段时间内会出现突飞猛进的进步。在技术成熟以后，技术的进步将接近停滞。当技术长时间不能够满足用户的需求时，技术专家们会尝试研发新的技术来取代现有的技术。当这种更具潜力的技术出现的时候，非连续创新便发生了。在技术S曲线上表现为技术S曲线发生了跳跃。Richard Foster（1986）指出，技术S曲线往往成对出现，他们在一起，代表了非连续创新点，当更有潜力的技术取代了现有的技术，这一对S曲线之间的缝隙就代表非连续创新点。

Mckee在1992年研究了基于Foster曲线（1986）的产品创新学习曲线，通过企业的产品技术范式的分析，发现非连续创新发生于企业从一条产品学习曲线向另一条曲线的转移。

Lambert和Speckman（1997）通过分析成熟产业中基础技术的重大变化指出：（1）非连续创新是下一个杀手级的应用（killer application）或者是根本性创新；（2）成熟产业发生基于新的、不同技术基础上的产品创新，非连续技术变化便会产生。

所以，非连续创新一般来自技术的推动。引起非连续创新发生的技术可能比现有技术更强大，也可能来自较低级别的技术，这两种技术具有非常巨大的市场潜力和合适的价值体系，在一个相对独立的市场飞速发展，随着技术功能的不断改进和完善或是成本的不断降低，技术可能渗透到更为广阔、更多主流的市场中，取代旧有的技术和产品，所以非连续创新不仅是新的技术变革，也是新的技术轨道和技术范式取代旧的技术轨道和技术范式（徐河军、高建和周晓妮，2003）。典型的案例是无线电话技术在经过进一步的技术创新之后，从最初的主流市场公共安全市场进入了大众的移动通信市场，非连续创新应运而生。

非连续创新的概念

前面提到，学术界对于非连续创新的概念并没有统一的界定，学者们更多是从自身的视角来理解和定义这一概念。一般来说，学者们大致认可非连续创新是技术上的较大或根本性的进步；不同于传统的技术和市场路径，非连续创新引起技术和市场竞争格局的重大变化，企业自身也需要做出与传统路径不同的变化；凭借非连续创新，企业获得重大的竞争优势。

Ehmberg（1995）从技术发展周期的角度概括了非连续创新。他指出，技术的主非连续性就是技术从一个技术生命周期跳跃到另一个技术生命周期，而技术的子非连续性就是技术从一个技术的子循环转移到另一个子循环。Ehmberg 通过研究将非连续技术总结为三个方面：新兴产业的出现；已有产业中，新技术对旧技术的替代；新产品技术和新过程技术在技术子循环中的变化。

魏江和冯军政（2010）从技术和竞争的视角提出了非连续创新的定义。非连续创新是指能够引起企业的技术和竞争基础都发生重要变化的创新。非连续创新建立了新的技术、流程和组织格局，在技术 S 曲线上实现了跳跃式的发展，并打破了原来的技术、流程和组织的格局。这里技术基础指的是新的技术和能力，这些能力不仅指创新的能力和技术的能力，还包括组织管理技术的能力以及为开发新的产品和工艺而掌握的能力，这些技术和能力构成了实施技术创新的资源组合（Foss and Knudsen，1996）。依据 Windermere 协会的观点，竞争基础包括四种产品竞争基础，即功能竞争基础、可靠性竞争基础、便利性竞争基础和价格竞争基础，所以竞争基础的含义就是产品的基本属性，产品竞争基础发生变化，隐含着新的主导变化和破坏性技术的出现。

Christensen 和 Bower（1996），Tushman、Smith、Wood、Westerman 和 O'Reilly（2003）指出非连续创新通常指的是这样一种外部变化：它需要组织内部采用与传统的创新轨迹非线性相关的路径来做出适应性变化。

Carroad（1982）通过分析市场、技术以及产品的相对新颖程度，发现创新中所涉及的市场、产品和技术越新颖，这项创新就越非连续。

Ehrmberg（1995）指出技术的非连续性从根本上改变了产品的技术基础，这种技术上的非连续性表现在企业获取新的技术能力方面。新旧技术之间的隔阂度就是技术的非连续性，新旧技术之间的隔阂度越大，技术的非连续性越显著。

Moore（1991）通过分析终端用户的行为发现，非连续创新改变了原有的技术范式，需要用户也发生相应的变化；并指出，非连续创新是那些全新的产品，这些产品不同于我们以往的产品，需要我们改变原有的行为方式或者不依赖于原有的产品或服务。

Kaplan（1999）、Detienne 和 Koberg（2002）指出，非连续创新能创造新的产业，或者促使已有产业转型或消亡。Kaplan（1999）通过研究指出，企业持续性的和跨越式的成长需要凭借非连续创新。Prahalad（1998）指出，为了应对非连续创新，企业需要不断学习来掌握全新的能力，旧有的能力已经不适应新的环境。

从产业演进的历史可以看出，非连续技术往往产生自组织的外部，非连续技术使得企业获得重大的技术和市场的竞争优势，这种竞争优势常常使得后进企业可以弯道超车，获得相对于在位企业的领先地位。这种竞争优势使得企业有可能生产出全新的产品，进入以前未能进入的主流市场，同时也为整个人类社会的进步做出了贡献。非连续创新可能发生于宏观、行业或微观企业不同的层面。非连续创新从研究层次上可以分为宏观全球、产业和市场的研究，以及企业和终端用户微观层面的研究。电话、计算机等的发明以及利用，可以被看作是宏观层面的非连续创新，这种非连续创新并不依靠企业内部的技术和竞争基础，是一种全新的划时代的发明；而随身听、电动汽车等的发明，可以被看作是行业或产业层面的非连续创新，主要来源于行业或产业层面的全新技术或产品的出现；而微观企业层面的非连续创新可能导致企业的研发以及随之而来的营销、供应链等模式发生非连续的变化。宏观层面的非连续创新由于不经常发生，并且难以界定，所以宏观层面的非连续创新的研究对微观企业的指导意义有限。所以对微观企业层面的非连续创新的研究，对企业的管理实践具有更加现实的意义（魏江、冯军政，2010 年）。

非连续创新的特性

从前面的论述可知：非连续创新来自技术上的较大或根本性的进步，非连续创新不同于连续性创新，具有许多不同寻常的特性。正是这些特性，使得企业获得技术和市场上的重大竞争优势，后进企业才有可能获得相对于在位企业快速超越的机会。非连续创新所具有的这些特性，主要体现在产品技术性能以及潜在的市场基础上。

Leifer、Rice 和 Veryzer（2000）通过管理实践上的分析，指出非连续创新项目具有以下一种或几种潜能：（1）全新的性能特征；（2）现有性能特征 5 倍以上的提高；（3）成本上的显著的降低（30% 以上）。

Anderson 和 Tushman 在 1986 年和 1990 年对于技术非连续性的研究为非连续创新研究奠定了基础。他们对计算机、航空灯、水泥和玻璃制造等多个产业的长期技术演进做了深入的研究。研究结果表明，产业整体的技术进步是个渐进式的变革过程，这种渐进式的变革过程不断被非连续技术创新所打破，在产业技术的变革过程中，非连续技术创新起到了更重要的作用，非连续技术创新对技术进步的贡献要远大于渐进式的技术创新。

Tushman（1986）通过技术性能的单指标来对水泥、计算机和飞机制造业的技术演变进行分析，分析的时间跨度从技术诞生时到 20 世纪 80 年代，研究发现：产业技术演进是个渐进式的变革过程，这一过程会不断被非连续技术创新打断，非连续技术创新使得产业的环境发生巨大的变化，非连续创新出现之后，产业的不确定性和潜在的利润水平要大大提高。

Olleros（1986）认为，企业在研发、营销和生产方面的能力在非连续技术出现之后，将受到破坏。

Grant（1996）指出，外部环境非连续技术变化引起在位企业也要做出相适应的变化，这种变化使得产业中新进入的企业面临获得全新能力的挑战，而产业中的在位企业将不得不需要应对分解原有的能力和获得新的能力的双重挑战。

Lynn 等（1996）通过分析产品家族和新业务的创造指出，非连续创新在技术、市场和时间上有很大的不确定性。

Sainio 和 Puumalainen（2007）通过对通信行业的研究发现，产业竞争格局的变化、技术和市场的不确定以及新的技术对企业原有能力的替代同企业的战略转型存在显著的相关关系。

Rao 和 Angelov（2006）对多种非连续性技术的耦合演变进行了研究，研究发现多种非连续技术耦合之后可能会产生非连续性更强的技术，从而进一步开辟出全新的市场。比如，P2P 等技术与网络电话技术（voice over IP）融合之后，产生了新的非连续性更强的技术，这种组群的创新又进一步开拓了新的技术和市场的领域。

Lynn（1996）分析通用电气公司、康宁公司、摩托罗拉公司和施莱公司的非连续创新过程发现，这四家公司采取了创新管理的新模式，取得了成功。这种创新管理的新模式基于非连续创新，非连续创新使得技术和市场都存在不确定性，需要企业用初期的试验产品以及后续的改进产品在技术和市场之间建立互动的桥梁，来减少技术和市场之间的不确定性，尽快寻找到市场可以接受的新的有特色的产品。

非连续创新能够引起企业的技术和竞争基础都发生重要变化（魏江、冯军政，2010）。有些学者考察非连续创新也是基于这两个视角。Utterback 和 Kim（1986）从技术基础变化的视角指出，非连续创新表现为新的技术和企业原有的主流技术存在根本性的差别，企业为适应新的技术，需要转换原有的知识基础和技能。这种非连续的技术变化常常使得企业在原有的生产设备、知识和技能等方面的投入失去效用。Meyers 等（1989）从竞争基础变化的视角指出，非连续创新使得终端用户的效用发生突破式的增长。Moore（1991）从竞争基础变化的视角指出，非连续创新使得顾客的行为发生适应性的变化，非连续创新会取代企业原有的技术范式。另外，有些学者从技术基础和竞争基础结合的视角观察非连续创新。Herbig（1994）指出，非连续创新导致更高层次的产品或市场创新发生。Bower 和 Christensen（1995）指出，非连续创新使得产品具有以前所不具备的功能，同时也创造了新的消费或使用模式。

国内的学者在非连续创新的概念界定、特性等方面也做了诸多研究。徐河军、高健和周晓妮（2003）认为，非连续创新是无法计划的；非连续创新相比现有的技术具有更强的性能或是更大的潜力，能够较大程度上提高产品本来的功能，增添新的产品特性；非连续创新提供了多种的性能组合，在全新的市场中为新的用户提供全新的应用，从而改变了人们的生活方式；非连续创新创造了全新的产业，改变了竞争的版图，在位企业可能会不重视非连续创新，从而为后进企业留下了技术超越的机会；管理非连续创新需要采用新的技术和市场知识，需要不同的基础知识和技术路线，并将不同的学科知识相融合；非连续创新往往要求企业和用户、供应商以及竞争对手建立全新的伙伴关系。

柳卸林（2000）通过对非连续创新的第四代研究开发分析指出，非连续创新对产品、服务、设施以及供应链都有影响；非连续创新是融合各种知识形成新知识的结果，需要发现新的知识和市场空间；非连续创新建立在知识融合的基础上，为企业产品带来了全新的性能。

非连续创新技术的管理也是近年来学者们关注的热点，非连续创新由于存在诸多不确定性，企业面临全新的挑战，其中也包括对非连续技术的管理。高健等（2003）指出，非连续创新常常由于企业缺乏对应的技术创新管理能力而失败，这是学术界多年来忽略的重大理论问题。徐河军等（2003）指出，在渐进式创新管理中实行的有效的方法有可能并不适合非连续创新的管理，非连续创新具有技术、市场以及组织和资源的不确定性，后二者是非连续技术创新所独具的，正是这些不确定性，使得非连续技术创新的管理不同于渐进式的技术创新。

由于在非连续创新上的研究上缺少标准化的手段，国内学者也侧重于从个案的角度来研究非连续创新。冯军政、刘洋和魏江（2013）通过对南都电源案例的研究发现：对已有技术领域来说，面临非连续技术创新的冲击，企业将采取原材料创新和产品架构创新、已有市场维持和新细分市场开拓的“双元平衡”演化战略；对新兴技术领域来说，企业将采取“逐步全面替代”的演化战略。

从上述国内外的文献资料可以看出，非连续创新具有不同于渐进式创新的特性，非连续创新在融合多种技术之后产生了一种全新的技术，具有新的产品特性，开拓了新的市场。拥有非连续技术的企业获得了技术和市场上的竞争优势，与之相适应，企业也需要改进自己的技术管理体系乃至和客户、供应商建立新的关系。

非连续创新的触发因素

非连续创新的触发因素来自环境的变化。外界环境的变化有多种。Bessant 等、Noke 等和 Philips 等（2005）将非连续创新的触发因素分成两类，即一般环境因素和任务环境因素。前者偏重更宏观的层面环境发生的变化，比如宏观的政治体制和管理体制发生变化，文化观念和技术经济范式的转变，商业模式上的创新，或者其他的意外事件等。后者偏重中观和微观的层面，比如产业的环境或者市场的环境发生变化，包括新的技术和市场的出现，产业结构的调整，以及市场行为发生的重大变化等。

Prahalad（1998）指出在环境发生非连续变化的时候，企业不得不重新定位，重新界定企业的市场空间和产业的边界，重新设计产品和服务，企业采取这些活动的结果就是实施非连续创新（Hamel，1991），也就是说产业之间的边界条件、技术和市场发生剧烈的变化会促使企业从事非连续创新的活动。导致环境发生非连续变化的因素包括全球化、速度、融合、放松规则、产业边界模糊、标准、非居间化（disintermediation）和生态敏感性（eco-sensitivity）。环境的非连续变化导致新的技术、新的市场、新的规则的频繁出现，现有的技术经济范式也发生巨大的变化。

Garcia 和 Calantone（2002）认为，处于宏观层面的非连续创新很少发生，这种非连续创新独立于企业的战略、结构、知识、能力和资源。而企业微观层面的非连续创新多发生于企业的研发、营销、供应商战略等方面，这种创新需要依赖企业的能力和技能，比较容易辨认。

魏江、冯军政和王海军（2011）探讨了中国制度转型背景下动态环境对企业组织适应性成长路径的影响，提出非连续创新是中国企业适应性成长的战略选择，并将中国本土企业非连续创新的发生情境定位为战略更新、业务领域调整、组织结构战略性变革和海外市场扩张四种。研究认为：环境非连续变化是企业非连续创新的直接诱因；非连续创新是转型经济背景下中国企业加速组织适应性的战略性选择。

中国在短短几十年的时间走过了西方发达国家一百年走过的路程，中国企业面临的外界环境变化相比国外企业更加复杂多变。在这种剧烈变化的环境下，中国企业可能不得不面临的非连续创新就更加频繁地发生了。

非连续创新的研究基准和测量

国外在非连续创新的测量体系上还未有公认的标准方法，国外某些学者做了有益的尝试，尝试从不同的角度来测量非连续创新，而国内在非连续创新测量上还仅限于个别案例的研究。

Dewar 和 Dutton（1986）提出可以用创新包含新知识的程度来测量非连续创新，并将针对创新程度的研究主要集中在技术的非连续性方面。

Ehrnberg（1995）在总结前人研究成果的基础上指出，关于非连续创新的研究忽略了对非连续技术变化测量体系的研究。研究者需要深入探讨技术发生何种关键的变化产生了非连续技术创新以及怎样测量这种非连续技术的变化，这样有助于研究非连续技术发展的特征，为企业管理者制定有效的技术创新管理对策提供依据。现有的关于非连续创新的实证研究之所以经常缺少实质性的发现，就是因为缺少非连续技术变化的测量体系。Ehrnberg 依据对于主技术和子技术的非连续性的研究结果，将技术非连续性分为三类：新兴产业的演进，现有产业的新的产品对原有产品的替代和新的产品或流程在演进过程中发生的改进型的变化。Ehrnberg 认为技术非连续性可以从三个维度来测量：企业在设计和生产产品的过程中，所需要的技术能力和资源方面的变化；产品子系统、要素和流程方面的变化；新的产品在技术性能、价格和转换成本等方面的相对优势。

Anderson 和 Tushman（1990）提出非连续创新需要企业重新进行培训和为实现创新需要掌握全新的技能，企业为非连续创新需要重新培训的总量和掌握的新的技能可以作为非连续创新的测量指标。

Foster（1986）通过研究发现更具可行性的测量非连续技术变化的方法是采用性价比的测量指标。Foster 采用这一指标研究了轮胎行业非连续技术变化的过程，包括轮胎从普通轮胎演进到半钢子午线轮胎，最后演进到全钢子午线轮胎的过程。

Ehrnberg 和 Sjoberg（1995）通过对数控机床和移动通信行业的非连续技术演进过程的研究，总结出了非连续技术变化的测量体系。这一测量体系的核心观点包括：新的技术可以被分为替代性技术和互补性技术，替代性技术指的是新的技术部分或全部替代了原来的技术，原来的技术失去了效用，而互补性技术指的是新的技术和原有的技术共存，新的技术对原有的技术起到补充的作用；非连续特征可以通过比较新的技术和旧有的技术在知识结构以及技能内涵等方面的重叠度来得到辨识。Ehrnberg 和 Sjoberg 还提出了非连续技术变化的测量模型，该模型包括设计和生产新的产品时所需要的技术和其他资源的变化以及产品自身的物理和性价比的变化。

Tushman 和 Anderson（1990）提出从三个方面测量企业技术能力的变化：企业为掌握新的技术而接受的培训总量，企业为获得技术创新所必须掌握的新技能的数量，在技术创新的环境下企业原来的技术范式需要改变的程度。Tushman 和 Anderson（1990）在研究组织环境和技术非连续性的相互关系时提出，能力增强型的非连续创新是建立在现有产品技术基础上的技术创新，体现为产品的性价比提高至少一个数量级；而能力破坏型非连续创新需要在设计和生产产品时采用全新的知识、能力或技能。

Garcia 和 Calantone（2002）系统总结了非连续技术创新的研究基准指出，非连续技术从宏观的角度推动了科学和技术范式的变化，从微观的角度使得企业现有的战略、营销资源和技术资源等方面发生变化。

从国内外关于非连续创新的研究基准和测量体系的研究中可以判断，非连续创新的测量研究总体还是针对个别案例的测量研究，而且可操作性较差，针对非连续创新测量的标准化研究还有待突破。

非连续创新与破坏性创新

创新理论一直是学术界关注的热点，部分原因在于创新是当今社会经济发展的重要推动力量，是国家持续成长的源泉。学术界近些年提出了破坏性创新（disruptive innovation）的理论，破坏性创新理论对应于维持性创新（sustaining innovation），而非连续创新对应于连续性创新。两者关注的维度不同，前者主要关注市场的维度，而后者则偏重于技术的维度，两者都是比较重要的创新概念。有不少学者经常将两者混淆，因此有必要做一个区分。

Christensen（1997）在研究了钢铁冶炼、机械挖掘机、磁盘驱动器等诸多行业的演进过程之后，融合了技术创新与市场创新的理论，提出了破坏性创新，与破坏性创新相对应的是维持性创新。破坏性创新的目标市场并不是主流市场，而是通过向次要市场提供相对简单、便利和廉价的产品来吸引消费者。破坏性创新开辟了新的市场，改变了行业的竞争格局，削弱了在位企业的地位，因此具有巨大的破坏性和颠覆性。而维持性创新则主要是针对原有的主流市场，这些市场的消费者需要性能更好的产品。Christensen（2003）进一步改进了破坏性创新的理论，认为破坏性创新并不仅仅是技术上的创新，还包括商业模式上的创新和客户价值提供方式上的创新，这些创新的共同特点是从非主流市场发力、流行并最终颠覆了主流市场，破坏了竞争的规则。

Christensen 不同于其他主要从技术维度的视角考虑创新的学者，Christensen 从市场维度看待创新。他认为，应该从创新对目标市场的需求满足和影响来区分创新类型，从这一角度，他将创新分为维持性创新和破坏性创新。维持性创新也可以有非连续性的特点，但是维持性创新的共同点是其针对的目标市场是主流市场，维持性创新也很少带来新的消费者。而破坏性创新给市场带来不同的价值和新的体验，带来了新的消费群体，极大地拓展了产业的边界，破坏性创新给在位企业带来了巨大的挑战，具有强大的破坏性。

而非连续创新和连续性创新主要从技术创新的维度来分类。非连续技术创新是一种全新的技术创新，要求企业在技术上取得了较大或根本性的进步，在技术 S 曲线上有跳跃式的发展，同时，企业内部为了配合非连续创新，也需要做出适应性的改变。

非连续创新采纳主要理论

非连续创新是企业获取竞争优势的重要手段，后进企业可以凭借非连续创新获得相对于在位企业在技术和市场上的优势。但是，由于非连续创新存在技术和市场上的不确定性，以及企业在管理和文化上的惯性，企业在采纳非连续创新时往往面临很多挑战。西方学者较早开展非连续创新采纳影响因素的研究。国外学者总结归纳了影响非连续创新采纳的诸多因素。

一般的观点认为，影响企业非连续创新采纳的因素有五种，分别是：高度的正式化、对外部资本的依赖、企业内部政治阻力、企业对现存资产的情感纽带和企业内部刻板的思维方式。

高度的正式化。Hannan 和 Freeman（1984）认为，组织高度的正式化产生了组织惰性，可能阻碍了非连续创新的采纳。高度的正式化所营造的组织审查流程也有低估非连续创新的倾向。同时，高度的正式化所产生的官僚主义也降低了对于非连续创新的采纳速度和所投入的资源。

对外部资本的依赖。Christensen 和 Bower（1996）指出，企业的决策受到企业的外部资源的限制。外部的资本往往要求迅速的、可预测的、大量的回报，而非连续创新却并不满足这一点。由于对外部资源的依赖，管理者会陷入两难困境，倾向于采纳连续性的创新而不是非连续性的创新，即使这种做法对企业的长期发展造成威胁。

企业内部政治阻力。Hannan 和 Freeman（1977）指出，企业对非连续创新的采纳使得企业内部的政治平衡被打破，由于非连续创新采纳而利益受损的管理层倾向于采取措施阻碍非连续创新的采纳，企业内部的这种政治阻力将会对非连续创新的采纳产生阻力。

企业对现存资产的情感纽带。Burgelman 和 Grove（1996）认为，企业决策者情感上和企业的有形的和无形的资源紧密联系，这种联系纽带越紧密，决策者在做出非连续创新决策时将会越痛苦。因为非连续性的采纳将使得企业重新调配资源，舍弃部分原本对企业重要的资源。这种紧密的联系纽带对非连续创新的采纳产生了阻碍。

企业刻板的思维方式。Kaplan（2011）指出，企业现有惯常的思维方式通常引起决策者关注企业现有的资源，从而造成对非连续创新采纳的滞后。Feldman 和 Pentland（2003）也指出，企业对新的模式的执行依赖于组织中每个人自己的思维模式。企业的思维模式越灵活，企业采纳非连续性创业也就越容易。

影响企业非连续创新采纳的五种关键因素如下图所示：

图 2－1　影响企业非连续创新采纳的五种关键因素

Gilbert（2005）对于非连续创新变革的研究界定了两类重要的非连续创新变革反应机制，并在案例研究的基础上建立了解释模型。Gilbert 认为在位企业在面临非连续变革时，常常反应滞后。Gilbert 将这种普遍存在的现象划分为两大类型：未能变革资源投资模式以及未能变革利用这些资源投资的组织流程，前者被称为资源守旧，而后者被称为程序老套。资源守旧就是企业在面对非连续创新时资源投入不足。资源守旧包括资源依赖（resource dependency）和对在位企业再投资（reinvestment）的激励。企业资源的提供者塑造并约束了企业的战略选择。资源提供者往往要求更高的企业业绩，从而限制了企业的经营模式和产品架构的变革。程序老套就是企业惯例的顽固和僵化。企业内部的流程是自我强化的，很难被变革。

Gilbert（2005）探讨了企业在面临非连续性变革时，威胁感知在非连续创新采纳中的作用机制。Gilbert 指出，在面临非连续性变革时对紧迫威胁的感知，经理人能够克服资源守旧，这种资源守旧来自资源依赖和对在位企业再投资的激励。但是，在面临非连续创新变革时，企业对紧迫威胁的感知，又会导致权利收缩、试验减少和聚焦于现有资源，从而又加剧了企业的程序老套。Gilbert 认为，以前的学者未能区分企业对这两种非连续变革的反应，造成了看似相互矛盾的结论。

Gilbert（2005）进一步指出，企业的外部影响、组织结构差异化和机会认知共同降低了企业在非连续变革响应过程中的程序老套。

König、Kammerlander 和 Enders（2013）部分借鉴了 Gilbert 的研究结论，认为非连续创新采纳包括采纳的速度、投入的资源（强度和持续性）以及程序的灵活性。其中非连续创新采纳的速度（adoption speed）指的是企业接受非连续创新并将其作为战略选项的速度。非连续创新采纳的强度（adoption agressiveness），即投入资源的强度，指的是企业每年在非连续技术开发上投入的资源。投入资源持续的时间（adoption stamina）指的是企业在非连续创新资源投入上持续的时间。程序的灵活性（adoption flexibility）指的是企业在非连续创新采纳过程中重新配置内部资源的程度。

企业在面临非连续创新时，有着不同的反应，这种反应重塑了企业并决定了企业未来的走向，因此研究企业非连续创新采纳的影响机制有着重要的理论和现实意义。

家族企业与非连续创新采纳

关于家族对创新响应的问题，近些年来学术界也有不少的研究。但是，大量的研究是关于家族对创新变革的反应，对于家族对非连续创新相关的影响或作用机制的研究却很少（Hatum，Pettigrew and Michelini，2010；Zahra，2010）。总体来说，学术界对于家族企业在非连续创新采纳中的影响机制关注的不多。

Hill 和 Rothermel 在 2003 年指出，影响企业非连续创新采纳的五种关键因素受到家族的影响。Carney 在 2005 年也指出，家族企业有助于降低影响企业非连续创新采纳的正式化程度和资本市场短期盈利倾向。

König、Kammerlander 和 Enders（2013）指出，家族通过对影响非连续性变革的五种关键因素产生影响，进而对企业非连续创新采纳产生影响。König、Kammerlander 和 Enders（2013）在理论分析的基础上，提出了以下主要观点：家族减弱了企业的正式化程度、对外部资本的依赖和企业内部的政治阻力，增强了企业的情感纽带和刻板的思维模式，并提出了家族对企业非连续创新采纳的模型。但是该理论仅限于理论推导，缺乏实证研究。

König、Kammerlander 和 Enders（2013）指出，家族降低了企业的正式化程度。家族的传承需要使得企业倾向于追求长期的目标，企业有动机获取在正式化程度下很难获得的机会，即使这些机会使得企业面临挑战。同时，家族使得企业内部联系更加紧密，降低了企业正式化的程度。

Carney（2005）以及 Sirmon 和 Hitt（2003）指出，家族企业由于维持家族延续和家族控制权的需要，往往不愿意将股份转让给外部资本。家族企业的决策系统通常对于迅速、可预测的回报的要求也没有外资本要求的那么高。

Bower 和 Gilbert（2006）认为，家族企业由于传承的需要追求长期的健康发展，企业的中层管理人员认可企业的长期的发展目标，因而更能接受非连续创新。Gómez-Mejía 等（2001）指出，家族企业的权威使得企业内部的政治阻力更小，家族关键决策者的决定通常是不可协商的。这些将有利于非连续创新的采纳（König et al.，2013）。

Miller 和 Le Breton-Miller（2005）认为，家族企业中的高层管理者往往和企业内外部维持紧密的关系，这些高层管理人员通常不愿意损害这种紧密的联系，而非连续创新的采纳将会危害这种联系。而家族将会增强这种纽带，从而使得企业决策者倾向于不采纳非连续创新（König et al.，2013）。

Berrone 等（2010）指出，家族企业由于对企业延续性的追求，倾向于保持管理层长期稳定，这有可能造成思维模式的僵化。而且，随着家族影响的增加，企业的管理层变得越来越同质化，思维模式也越来越固定。并且，家族企业也倾向于保持底层员工的稳定性，而不是考虑雇佣新的不同思维模式的员工，这将阻碍家族企业对非连续创新的采纳。

从前面分析可知，家族的治理结构对家族企业的经营决策和利益分配有决定性的影响。而在家族治理结构中，家族企业对企业的经营、战略层面以及创新发展等方面的影响正是通过家族对企业的控制权（家族控制）来实现的，家族企业的行为将体现家族的战略意图。所以，家族控制在企业的决策以及创新的选择发展中起到了关键的作用。同样，家族控制对企业非连续创新采纳也有关键的影响作用。因而，在上述学者分析中提到的家族通过对影响非连续性变革的五种关键因素产生影响，进而对企业非连续创新采纳产生影响，家族对非连续创新采纳的这种影响作用正是通过家族对企业的控制（家族控制）实现的。

小结

本章在文献综述的基础上讨论了非连续创新和非连续创新采纳理论。

从国内外的文献可以知道，非连续创新并没有统一公认的定义，不同的学者都是基于自己的背景和研究对此做出解释。相对大家都可以接受的几点是，非连续创新是技术上的创新，是一种全新的技术；非连续技术和原有的技术相比有较大或根本性的进步；新的技术相比旧有的技术越新颖，该技术越非连续。

非连续创新不同于连续性创新，具有许多不同寻常的特性。正是这些特性，使得企业获得技术和市场上的重大竞争优势，后进企业才有可能获得相对于在位企业的快速超越的机会。

在非连续创新的触发因素上，一般认为，环境的非连续变化引起了企业的非连续技术创新。

在非连续创新的测量上，国外在非连续创新的测量体系上还未有公认的标准方法，国外某些学者做了有益的尝试。综合来看，国外学者对非连续创新程度的研究主要集中在技术的非连续性方面，可以考虑将创新包含新知识的程度来作为测量非连续创新的基准之一。

破坏性创新理论对应于维持性创新，而非连续创新对应于连续性创新，两者关注的维度不同，前者主要关注市场的维度，而后者则偏重于技术的维度。

在非连续创新采纳上，高度的正式化（Hannan and Freeman，1984）、对外部资本的依赖（Christensen and Bower，1996）、政治阻力（Tushman et al.，1986）、对现存资产的情感纽带（Burgelman and Grove，1996）和刻板的思维方式（Tripsas and Gravetti，2000）五种因素对企业的非连续创新采纳产生重要影响。

非连续创新的采纳包括采纳的速度、投入的资源（强度和持续性）以及程序的灵活性。

König、Kammerlander和Enders（2013）指出，家族通过对影响非连续性变革的五种关键因素产生影响，进而对企业非连续创新采纳产生影响。

家族对非连续创新采纳的这种影响作用正是通过家族对企业的控制（家族控制）实现的。

第 3 章　非连续创新和非连续创新采纳在中国环境下的界定和测量

非连续创新在中国环境下的界定

从前述关于非连续创新的介绍可以看出，学术界至今对于非连续创新没有统一的定义。在诸多研究之中，大多都认可，非连续创新主要是技术上的创新；非连续技术和原有的技术相比有较大或根本性的进步；新的技术相比旧有的技术越新颖，该技术越非连续；环境的非连续变化引起了企业非连续技术创新。而对于哪些创新是非连续创新，哪些创新是连续性创新，以及非连续创新发生的程度，学术界还未有定论。

关于非连续创新的界定，值得借鉴的非连续创新主要理论如下：

Carroad（1982）通过分析市场、技术以及产品的相对新颖程度，发现创新中所涉及的市场、产品和技术越新颖，这项创新就越具有非连续的特点。

Ehrmberg（1995）指出，技术的非连续性从根本上改变了产品的技术基础，这种技术上的非连续性表现在企业获取新技术的能力方面。新旧技术之间的隔阂度构成技术的非连续性，新旧技术之间的隔阂度越大，技术的非连续性越显著。

Dewar 和 Dutton（1986）提出，可以用创新包含新知识的程度来测量非连续创新，并将针对创新程度的研究主要集中在技术的非连续性方面。

Garcia 和 Calantone（2002）认为，处于宏观层面的非连续创新很少发生，这种非连续创新独立于企业的战略、结构、知识、能力和资源。而企业微观层面的非连续创新多发生于企业的研发、营销、供应商战略等方面，这种创新需要依赖企业的能力和技能，比较容易辨认。

Ehmberg（1995）从技术发展周期的角度概括了非连续创新。他指出，技术的主非连续性就是技术从一个技术生命周期跳跃到另外一个技术生命周期，而技术的子非连续性就是技术从一个技术的子循环转移到另外一个子循环。Ehmberg 通过研究将非连续技术总结为三个方面：新兴产业的出现；已有产业中，新技术对旧技术的替代；新产品技术和新过程技术在技术子循环中的变化。

魏江、冯军政（2010 年）指出，非连续创新可能发生于宏观、行业或微观企业不同的层面。非连续创新从研究层次上可以被分为宏观全球、产业和市场的研究，以及企业和终端用户微观层面的研究。电话、计算机等的发明以及利用，可以被看作宏观层面的非连续创新，这种非连续创新并不依靠企业内部的技术和竞争基础，是一种全新的划时代的发明；而随身听、电动汽车等的发明，可以被看作行业或产业层面的非连续创新，主要来源于行业或产业层面的全新技术或产品的出现；而微观企业层面的非连续创新可能导致企业的研发以及随之而来的营销、供应链等模式发生非连续的变化。宏观层面的非连续创新由于不经常发生且难以被界定，对微观现实企业的指导意义有限。所以对微观企业层面的非连续创新的研究，对现实企业的管理实践具有更加重要的意义。

考虑到中国的环境，宏观层面的非连续创新极少发生，而考虑到中国目前的技术实力和水平，行业层面的非连续创新也较少发生，中国当前的非连续创新基本都是发生在微观层面，也就是企业层面。

结合上述文献，考虑在中国环境下定义非连续创新：中国环境下的非连续创新主要发生于微观企业层面。发生于微观企业层面的非连续创新主要指企业从事了技术方面的创新，该创新相较于原有的技术有较大或根本性的进步。新的非连续技术相比旧有的技术越新颖，该技术越非连续。而中国环境下的技术的非连续主要包括已有产业中，新技术对旧技术的替代或新产品技术和新过程技术在技术子循环中的变化。定义非连续创新发生的程度可以用创新包含新知识的程度来测量。

非连续创新在中国企业层面的测量

基于前文的分析，我们可以认为，发生于中国微观企业层面的非连续创新指的是在技术层面有较大或根本性的进步；该非连续创新可以用创新包含的新知识的程度来测量。

更进一步，参照这一分析结论，对于中国企业层面非连续创新的测量，需要衡量企业在非连续创新技术上的进展程度或者该技术创新包含的新知识的程度。具有现实可操作性的方法是可以考虑通过企业无形资产中属于非连续创新部分的技术增加值来测量，其原因如下：

企业发生了非连续创新，该技术创新是一种全新的技术，包含的新知识有增加，对应于企业财务报表上无形资产本期增加值部分，依据无形资产的项目可以甄别出该项目是否属于非连续创新，那么企业财务报表无形资产中属于非连续创新部分的本期增加值就可以表示企业在本期发生了非连续创新所创造的新知识的程度。因此，企业无形资产中属于非连续创新部分的本期技术增加值可以被用来测量企业在本期发生的非连续创新。

非连续创新是一种技术上的创新，下面判断企业无形资产关于技术方面的具体项目中，那些项目可以判定企业从事了非连续创新。

依据《财政部关于印发〈企业会计准则——无形资产〉等 8 项准则的通知》（财会〔2001〕7 号），企业无形资产指企业为生产商品、提供劳务、出租给他人，或为管理目的而持有的、没有实物形态的非货币性长期资产。无形资产可分为可辨认无形资产和不可辨认无形资产。可辨认无形资产包括专利权、非专利技术、商标权、著作权、土地使用权、特许权等；不可辨认无形资产是指商誉。

从上述无形资产的定义和包含的项目可以看出，无形资产中和技术相关的项目包括专利权和非专利权（专有技术）。

1. 专利权中非连续创新的界定

依据《中华人民共和国专利法》（以下简称“专利法”）第一章《总则》第二条，被授予专利权的发明创造是指发明、实用新型和外观设计。发明，是指对产品、方法或者其改进所提出的新的技术方案。实用新型，是指对产品的形状、构造或者其结合所提出的适于实用的新的技术方案。外观设计，是指对产品的形状、图案或者其结合以及色彩与形状、图案的结合所作出的富有美感并适于工业应用的新设计。依据专利法第九条，同样的发明创造只能被授予一项专利权。

专利法第一章《总则》第十一条规定：发明和实用新型专利权被授予后，除本法另有规定的以外，任何单位或者个人未经专利权人许可，都不得实施其专利，即不得为生产经营目的制造、使用、许诺销售、销售、进口其专利产品，或者使用其专利方法以及使用、许诺销售、销售、进口依照该专利方法直接获得的产品。外观设计专利权被授予后，任何单位或者个人未经专利权人许可，都不得实施其专利，即不得为生产经营目的制造、许诺销售、销售、进口其外观设计专利产品。

依据专利法第二章《授予专利权的条件》中第二十二条之规定，授予专利权的发明和实用新型，应当具备新颖性、创造性和实用性。新颖性，是指该发明或者实用新型不属于现有技术；也没有任何单位或者个人就同样的发明或者实用新型在申请日以前向国务院专利行政部门提出过申请，并记载在申请日以后公布的专利申请文件或者公告的专利文件中。创造性，是指与现有技术相比，该发明具有突出的实质性特点和显著的进步，该实用新型具有实质性特点和进步。实用性，是指该发明或者实用新型能够制造或者使用，并且能够产生积极效果。本法所称现有技术，是指申请日以前在国内外为公众所知的技术。

依据专利法第二十三条，授予专利权的外观设计，应当不属于现有设计；也没有任何单位或者个人就同样的外观设计在申请日以前向国务院专利行政部门提出过申请，并记载在申请日以后公告的专利文件中。授予专利权的外观设计与现有设计或者现有设计特征的组合相比，应当具有明显区别。授予专利权的外观设计不得与他人在申请日以前已经取得的合法权利相冲突。本法所称现有设计，是指申请日以前在国内外为公众所知的设计。

在专利法第四章《专利申请的审查和批准》中，第三十四条规定：国务院专利行政部门收到发明专利申请后，经初步审查认为符合本法要求的，自申请日起满十八个月，即行公布。国务院专利行政部门可以根据申请人的请求早日公布其申请。第三十五条规定：发明专利申请自申请日起三年内，国务院专利行政部门可以根据申请人随时提出的请求，对其申请进行实质审查；申请人无正当理由逾期不请求实质审查的，该申请即被视为撤回。国务院专利行政部门认为必要的时候，可以自行对发明专利申请进行实质审查。第三十七条规定：国务院专利行政部门对发明专利申请进行实质审查后，认为不符合本法规定的，应当通知申请人，要求其在指定的期限内陈述意见，或者对其申请进行修改；无正当理由逾期不答复的，该申请即被视为撤回。

在专利法第五章《专利权的期限、终止和无效》中，第四十二条规定：发明专利权的期限为二十年，实用新型专利权和外观设计专利权的期限为十年，均自申请日起计算。

从上述国家专利条款对专利的界定可以看出，专利包括发明专利、实用新型专利和外观设计专利。被授予专利权的发明和实用新型，应当具备新颖性、创造性和实用性。新颖性，是指该发明或者实用新型不属于现有技术；也没有任何单位或者个人就同样的发明或者实用新型在申请日以前向国务院专利行政部门提出过申请，并记载在申请日以后公布的专利申请文件或者公告的专利文件中。创造性，是指与现有技术相比，该发明具有突出的实质性特点和显著的进步，该实用新型具有实质性特点和进步。实用性，是指该发明或者实用新型能够制造或者使用，并且能够产生积极效果。而授予专利权的外观设计，应当不属于现有设计；与现有设计或者现有设计特征的组合相比，应当具有明显区别。

可以看出，发明专利相较于现有的技术，不属于已有的任何一种技术，具有突出的实质性特点和显著的进步；并且能够制造或者使用，产生积极效果。发明专利所具有的创造性的特点：与现有技术相比，具有突出的实质性特点和显著的进步；该技术进步具有实质和显著性的特点，因而符合非连续创新中技术进步的特点，可以将企业从事了发明专利的活动定义为非连续创新。更进一步，根据前述分析判断，定义非连续创新发生的程度用创新包含新知识的程度来测量。依据专利法第四十二条，发明专利权的期限为二十年，也就是说，在发明专利年限内，发明专利是静态恒定的。企业无形资产中发明专利增加，表明企业有了新的发明专利，或者说企业有了新的根本性技术进步或非连续创新。所以，企业无形资产中发明专利的增加值可以用来衡量一种非连续创新的发生程度，以表明企业中一种新的根本性技术进步的增加数量。

而实用新型专利同样不属于已有的任何一种技术，具有实质性特点和进步，并且能够制造或者使用，产生积极效果。与发明专利不同的是，实用新型专利所具有的创造性特点指的是与现有技术相比，该技术具有实质性特点和进步，这种技术有进步，但是技术进步程度不大，较发明专利技术进步程度低。事实上，世界上多数国家实用新型专利保护的都是比较简单的、改进性的技术发明。因而，实用新型专利所具有的技术创新特点并不符合非连续创新的要求，实用新型专利并不是一种非连续创新。

根据专利法的界定，外观设计专利是指对产品的形状、图案或者其结合以及色彩与形状、图案的结合所作出的富有美感并适于工业应用的新设计。被授予专利权的外观设计，应当不属于现有设计；与现有设计或者现有设计特征的组合相比，应当具有明显区别。从专利法的界定可以看出，外观设计专利主要保护的是新设计，而非技术。所以，外观设计专利并不符合非连续创新技术进步的特点，外观设计专利并不是一种非连续创新。

所以，企业无形资产中，具体项目为发明专利的可以被定义为非连续创新，而具体项目为实用新型和外观设计的，不属于非连续创新。在具体测量标准上，由于本期增加值代表了企业在该项目上本期增加的数值，表明了当期在项目上的创新新增的程度。因此，可以用无形资产中发明专利的本期增加值来测量一种非连续创新。

2. 非专利技术（专有技术）中非连续创新的界定

在企业会计报表的无形资产栏目中，同时出现了非专利技术和专有技术项目。

依据最高人民法院印发的《关于正确处理科技纠纷案件的若干问题的意见》（1995，已被废止），非专利技术成果应具备以下条件：（1）包含技术知识、经验和信息的技术方案或技术诀窍；（2）处于秘密状态，即不能从公共渠道直接获得；（3）有实用价值，即能使所拥有人获得经济利益或竞争优势；（4）拥有者采取了适当保密措施，并且未曾在没有约定保密义务的前提下将其提供给他人。

依据《中华人民共和国技术引进合同管理条例施行细则》（1988，已被废止），专有技术包括未公开过，未取得工业产权法律保护的制造某种产品或者应用某项工艺以及产品设计、工艺流程、配方、质量控制和管理等方面的技术知识。

在我国，非专利技术和专有技术的立法概念实用上比较混乱，贺绍奇在2005年通过对有关立法的梳理、规则的比较，并结合有关行政部门和最高司法机关的解释，指出非专利技术和专有技术是可以相互替代的同等概念。

从来源上来说，依据《中华人民共和国技术合同法实施条例》（1989，已失效）第六条规定，非专利技术包括：未申请专利的技术成果；未授予专利权的技术成果；专利法规定不授予专利权的技术成果。

总的来说，非专利技术（专有技术）指的是没有专利法明确保护的技术，这些技术的来源可能是各种方面。非专利技术的来源主要是发明创造，它们也可能来源于长期的生产实践活动，比如独特的工艺技术等。这些技术在技术和商业上有较大的价值（王秋华，1992）。

之所以出现非专利技术的情况，很重要的原因是，专利只能够提供时间和空间有限的保护，而技术成果的所有人为了防止技术内容公开，保护自己的技术成果长期处于自己的控制之下，更愿意选择采用保密方式的非专利技术形式长期保护自己的技术，从而可以达到长期保护技术、防止竞争对手掌握机密的目的。

马加林在2007年指出，非专利技术中的不少技术具有国内和国际领先的地位，比如，大型激光聚变核能技术、火箭的故障自动关闭熄火技术、官窑烧瓷技术或景泰蓝制造技术等。由于保密等原因，很多先进的技术并没有申请专利，而是以非专利技术的形式存在。可见非专利技术（专有技术）也同样具有技术上的先进性。

无形资产中非专利技术（专有技术）的增加值，代表了企业在非专利技术（专有技术）上的新增部分，由于是新增的部分，该新增部分的技术不同于旧有的技术，或者是一种技术上的发明创造但不方便申请专利，或者是一种全新的技术诀窍。由于非专利技术（专有技术）所具有的技术上的独特和先进性，因此，在本书中，将无形资产中非专利技术（专有技术）的增加值统一定义为一种非连续创新。

综上所述，在企业无形资产栏目中，技术（发明专利/非专利技术/专有技术）的本期增加值代表了企业在非连续创新上所获得的新知识的程度，可以用来测量企业的非连续创新。该测量标准和方法可以用于在中国环境下的非连续创新的实证研究。

非连续创新采纳在中国企业层面的测量

在前面的章节中我们提到，König、Kammerlander 和 Enders 在 2013 年研究了非连续创新采纳的影响机制，在研究中，他们提出非连续创新采纳包括采纳的速度、投入的资源（强度和持续性）以及程序的灵活性。其中非连续创新采纳的速度（adoption speed）指的是企业接受非连续创新并将其作为战略选项的速度。非连续创新采纳的强度（adoption aggressiveness），即投入资源的强度，指的是企业每年在非连续技术开发上投入的资源。投入资源持续的时间（adoption stamina）指的是企业在非连续创新资源投入上持续的时间。程序的灵活性（adoption flexibility）指的是企业在非连续创新采纳过程中重新配置内部资源的程度。下面我们重点考虑企业在非连续创新采纳中投入资源的强度（即非连续创新采纳强度），看看这一重要概念如何在中国企业层面来界定和测量。

非连续创新采纳强度，也就是企业在非连续创新采纳中投入资源的强度，指的是企业每年在非连续技术开发上投入的资源（König et al.，2013）。

依据《企业会计准则第 6 号——无形资产》（2006）（财会〔2006〕3 号），企业内部研究开发项目的支出，应当区分研究阶段支出与开发阶段支出。研究是指为获取并理解新的科学或技术知识而进行的独创性的有计划调查。开发是指在进行商业性生产或使用前，将研究成果或其他知识应用于某项计划或设计，以生产出新的或具有实质性改进的材料、装置、产品等。

依据该准则条文第八条，企业内部研究开发项目研究阶段的支出，应当于发生时计入当期损益。

依据该准则条文第九条，企业内部研究开发项目开发阶段的支出，同时满足下列条件的，才能被确认为无形资产：

（1）完成该无形资产以使其能够使用或出售在技术上具有可行性；

（2）具有完成该无形资产并使用或出售的意图；

（3）无形资产产生经济利益的方式，包括能够证明运用该无形资产生产的产品存在市场或无形资产自身存在市场，无形资产将在内部使用的，应当证明其有用性；

（4）有足够的技术、财务资源和其他资源支持，以完成该无形资产的开发，并有能力使用或出售该无形资产；

（5）归属于该无形资产开发阶段的支出能够可靠地计量。

企业在技术上的投入，分为研究阶段的投入和开发阶段的投入，其中研究阶段的投入计入当期损益，开发阶段的投入在满足一定条件的时候计入无形资产。企业在技术上的投入，随着投入的进展取得成效，最终会转化为生产产品成为产品成本的一部分，而企业在该技术上的投入也会不断地资本化，计入无形资产。同样，伴随着企业在非连续技术上投入的增加，企业在非连续技术创新开发上不断取得进展，该部分投入会不断地资本化，计入无形资产，形成了企业的非连续创新。企业在研究阶段的投入随着技术的进展亦会在随后的时间不断的资本化，计入非连续创新。因此，企业的非连续创新来自企业在非连续技术创新上的投入的不断资本化。企业在非连续创新上的投入可以用资本化后形成的非连续创新来衡量。结合前面的探讨，在企业无形资产栏目中，技术（发明专利/非专利技术/专有技术）的本期增加值代表了企业在非连续创新上所获得的新知识的程度，可以用来测量企业的非连续创新。因而可以用该指标测量企业在非连续创新上的投入，可以作为测量非连续创新采纳强度的指标。

小结

本章讨论了非连续创新和非连续创新采纳在中国环境下的界定和测量。

中国环境下的非连续创新主要发生于微观企业层面。发生于微观企业层面的非连续创新主要指企业从事了技术方面的创新，该创新相较于原有的技术有较大或根本性的进步。

在企业无形资产栏目中，技术（发明专利/非专利技术/专有技术）的本期增加值代表了企业在非连续创新上所获得的新知识的程度，可以用来测量企业的非连续创新。该测量标准和方法可以用于在中国环境下的非连续创新的实证研究。

König、Kammerlander 和 Enders 在 2013 年研究了非连续创新采纳的影响机制，在研究中，他们提出非连续创新采纳包括采纳的速度、投入的资源（强度和持续性）以及程序的灵活性。

非连续创新采纳强度（adoption aggressiveness），也就是企业在非连续创新采纳中投入资源的强度，指的是企业每年在非连续技术开发上投入的资源（König et al.，2013）。

在企业无形资产栏目中，技术（发明专利/非专利技术/专有技术）的本期增加值代表了企业在非连续创新上所获得的新知识的程度，可以用来测量企业的非连续创新。因而可以用该指标测量企业在非连续创新上的投入，可以作为测量非连续创新采纳强度的指标。

第4章　家族企业和家族控制的界定和测量

家族企业及其界定

对家族企业进行界定是家族企业研究的起点，也是家族企业研究者们面临的难题。学术界很早就开始了对家族企业的研究，也有众多的研究文献，但是至今还没有形成统一的意见。对于家族企业，学术界也没有公认的权威定义。

盖尔西克（1997）认为，区分家族企业和非家族企业的关键是企业的所有权，企业的所有权是否掌握在企业创办家族手中，是界定家族企业最重要的因素。而企业以家庭命名，或者家族的成员任职高管，都不能成为界定企业是家族企业的依据。

钱德勒（1977）认为，界定家族企业不仅需要创始家族掌握企业的大部分股权，还需要创始家族拥有主要管理的决策权，与经理人维持良好紧密的私人关系。

窦军生和贾生华（2004）归纳了西方学术界对家族企业的定义方法，指出西方学术界对家族企业的定义方法大致可以分成两种，即家族参与要素法和本质法。家族参与要素法是指将家族对于企业的参与程度和参与的方式作为变量，对家族企业进行一系列的可操作的定义来界定家族企业。而本质法指的是将家族企业的本质特征作为关键因素进行判定，来区分家族企业和非家族企业。家族参与要素法认为可以用连续的变量来衡量企业的家族化程度，这种方法对家族企业进行经济评价具有较强的操作性。本质法虽然可以区分家族企业和非家族企业，但是很难对要素进行准确的量化。

Astrachan、Klein 和 Smyrnios（2002）认为，通过本质法不能够准确地判定家族企业与非家族企业。他们提出了 F-PEC 量表，用于测量家族对企业的影响程度。该量表做出连续评测，而不是简单的做出是或否的结论。该量表包括权利、经历和文化三个维度。该量表特别强调权力维度（所有权、管理权或支配权），强调通过所有权、管理权或支配权来清晰地表明家族权力的影响。

唐纳利（1999）认为，具有以下条件的企业才能够成为家族企业：企业的家族继承、经营和管理权的关系由家族关系决定；现任董事是现任或前任董事长或总经理的妻子或儿子；家族和公司的整体价值一体化；家族成员的行为和公司的信誉息息相关；家族成员认可有超乎财务的原因维持公司的股票；家族成员在家族中的地位和其在公司的职务有关联；家族成员和公司的关系决定了一生的事业。

潘必胜（1998）认为，家族企业是家族以直接或间接的方式掌控了企业经营权的企业，同时家族也拥有该企业的全部或部分所有权。姚贤涛和王连娟（2002）认为，家族企业是指将企业作为组织形式的经济组织，这种特殊的组织以血缘关系作为纽带，将家族的利益作为主要的追求目标，以企业的实际控制权为基本的手段，将亲情关系第一作为首要的原则。于立（2003）提出，家族企业的原始资本、后续积累以及企业经营建立在家族的背景之上，家族企业就是将婚姻和血缘关系作为纽带的经济组织。

Davis 和 Tagiuri（1989）、Pratt 和 Davis（1986）、Handler（1989）、Ahanker 和 Astrachan（1996）认为，家族企业的本质是家族传承，也就是家族为后代传承企业的控制权。

Astrachan、Klein 和 Smyrnios（2002）认为，家族权力的影响可以通过家族对企业的所有权、管理权或支配权进行清楚的界定。

综合各种理论文献，总的来说，家族对企业的所有权以及对企业的控制权是界定家族企业的最重要的因素。

参考国内外关于家族企业及家族影响的理论文献，并结合中国的实际环境，本书认定的家族企业为企业所有权或控制权归家族所有的企业。所有权强调，企业实际控制权属于某个以血缘、姻亲关系为联结的家族所有。

家族控制及其界定和测量

企业的治理结构（corporate governance）是建立在一定的组织结构上的制度安排（杨建仁等，2011），企业治理结构是现代企业中最重要的制度安排，它制定了股东等各个利益相关方之间的制度，决定了企业内部的利益分配，对企业的经营有至关重要的影响。企业治理结构起源于企业中的委托和代理的问题，企业的所有权和控制权相分离引起了企业中股东所有者和经理人之间的利益冲突，为了解决这一冲突问题，学者们建立了相关的理论。而在实际的企业经营中，企业力图通过相关的制度安排来解决这一问题。

企业的治理结构的核心是对于企业的所有权和控制权的协调和安排，这种协调安排影响了企业的核心决策、战略和绩效。企业的所有权代表了企业归谁所有，企业的所有权隐含了对企业的现金流权，而企业的控制权代表了对企业的实际控制，企业的控制权对企业经营决策以及企业的战略选择具有决定性的影响。企业的治理结构是如此的重要，因为它对企业的经营决策、创新等战略选择以及企业的利益安排有决定性的作用。

对于企业治理结构的内涵，学者们有不同的观点。学者们的观点大致可以分为两类，一类观点是信奉股东利益至上，认为股东是公司治理的主体。马克（1999）认为，企业治理结构是公司的股东、董事和管理人员相互之间的关系。梅耶（1996）将企业治理结构定义为“公司赖以代表和服务于它的投资者利益的一种组织安排，它包括从公司董事会到执行人员激励计划的一切东西，公司治理的需求随市场经济中现代股份公司所有权与控制权相分离而产生”。另一类观点信奉企业的利益相关者至上，利益相关者具体包括股东、员工、供应商等。布莱尔（1995）提出，公司治理的核心企业经营管理人员对企业的资源提供者如股东、供应商及员工等负责，保证后者投资的安全。布莱尔认为，公司治理是法律、文化以及制度性安排的有机整合。李维安（2005）提出，企业治理结构是一套制度安排，这种制度安排通过内部或外部的、正式或非正式的制度或机制来协调企业与各利益相关者之间的利益关系，保证企业经营决策的科学、有效，维护各方面的利益。

可见，企业的治理结构协调了企业相关各方的关键利益，对企业的经营决策有决定性的影响。

对企业治理结构的研究集中于企业所有权和控制权相分离所带来的委托—代理或所有者—经营者利益冲突的问题。但是现实当中，大量的企业由大股东控制，特别地，其中很多企业由家族所控制。家族企业不同于其他企业，企业由家族所控制，家族在企业的经营决策、战略选择、创新发展以及利益安排中起到了关键的作用，家族在家族企业的治理结构中有着核心的地位。家族企业的本质特征是家族对于企业的所有权和控制权。家族成员一般拥有企业的绝大多数股权，掌控了企业的经营决策。

企业治理结构的核心是对企业的所有权以及控制权的相关协调安排，家族企业对企业的治理结构的决定性影响，正是通过家族对企业的所有权和控制权来实现的。这种影响，一方面体现在对家族对企业的所有权上，也就是现金流权，决定了家族获得利益的多少；另一方面体现在家族对企业的控制权上，也就是家族所拥有的企业投票权或者家族对企业的控制权比例，决定了家族对企业的日常经营决策、战略选择或创新发展等的影响程度。

家族控制在家族企业的治理结构中的影响，可能存在多个方面。一方面家族控制可能带来更加有效的监督机制，家族控股股东相比于分散的公众股东，对企业的经理人具有更强的监督效果，家族控股股东基于家族传承的需要，对企业可能要求更长的投资回报，更关注长期的企业战略，具有更强烈的动机参与企业的经营决策。另一方面，家族控制可能导致家族股东侵占中小股东的利益。Shleifer 和 Vishny（1997）指出，企业大股东（包括家族控制）可能利用对企业的控制权来实现自身福利的最大化，实现对企业财富再分配的目的。Carney（1998）认为，基于传统代理理论，家族成员所有权和控制权高度集中，非常容易为他们自己谋利益而损害小股东利益。

家族控制通过拥有对家族企业的控制权，参与企业的经营，实现对企业的控制，对企业的日常经营、战略决策、创新选择等有决定性的影响。西尔特和马奇（2008）指出，在企业的治理系统中，拥有优势地位的股东通过任命董事、高管成员等方式实现对企业的控制，公司的经营也将反映这些主导力量的意志。

所以，家族企业对企业的经营、战略层面和创新的影响正是通过家族对企业的控制权（家族控制）来实现的，家族企业的行为将体现家族的战略意图。家族控制可以通过家族在企业中的投票权或家族在企业中的控制权比例来衡量。

小结

本章讨论了中国环境下家族企业和家族控制的界定和测量。

在中国环境下，家族企业的企业所有权或控制权归家族所有。所有权强调，企业实际控制权属于某个以血缘、姻亲关系为联结的家族所有。

家族企业对企业的经营、战略层面和创新的影响正是通过家族对企业的控制权（家族控制）来实现的，家族企业的行为将体现家族的战略意图。家族控制可以通过家族在企业中的投票权或家族在企业中的控制权比例来衡量。

第5章　企业环境视角下的影响非连续创新采纳的关键因素模型

基于企业环境视角的影响企业非连续创新采纳的关键因素模型

在前述文献中提到，为了描述在位企业在进行非连续创新采纳时的影响因素，西方学者提出了若干理论。主要理论有：高度的正式化（Hannan and Freeman，1984）、对外部资本的依赖（Christensen and Bower，1996）、政治阻力（Tushman et al.，1986）、对现存资产的情感纽带（Burgelman and Grove，1996）和刻板的思维方式（Tripsas and Gravetti，2000）。

学者们认为，主要是这五种关键因素在非连续创新采纳中发生作用。比如，Hill 和 Rothermel 在 2003 年指出，家族对影响企业非连续创新采纳的上述五种关键因素有影响。König、Kammerlander 和 Enders（2013）指出，家族通过对影响非连续性变革的五种关键因素产生影响，进而对企业非连续创新采纳产生影响，并提出了家族对企业非连续创新采纳的影响模型。

考虑到中国不同于西方的特殊经济、文化和社会环境，本书尝试结合制度理论和资源依赖理论，从企业环境的视角来更深刻地理解影响企业非连续创新采纳的五种关键影响因素。

制度理论解决的是组织行为的合法性问题，即面对外界环境的压力，组织为什么会有这样的行为。

制度学派思想在社会学领域历史悠久，但是直到 20 世纪 70 年代才开始成为组织研究的核心话题（Scott，2001a）。早期的研究指出，组织受制于政治与法律框架，市场行为规则和普遍信仰体系（Burgess，1902；Commons，1924；Cooley，1956；Weber，1968）。在进一步研究之后，后面的学者提出了制度需要关注的不同方面。

Scott 在 2001 年提出“制度由文化—认知、准则和管制要素以及相关的活动与资源构成，它为社会生活提供稳定性和意义”。

表 5－1　制度的三大要素

	管制要素	规范要素	文化—认知要素
服从的基础	经验	社会义务	理所当然、共同理解
秩序的基础	管制规则	期望约束	制约机制
机制	强制	准则	模仿
逻辑	工具性	恰当性	正统性
标志	规则法律批准	证书认证	共同信念、共同行动逻辑
正当性的基础	依法批准	道德支配	理解认同、文化支持

资料来源：Scott（2001a，table 3－1，P. 52）。

Scott 和 Davis 在 2011 年提出在任何发育完全的制度系统里，都存在三方面的力量或要素，他们互相作用促进有序的行为。一般而言，“经济学和政治学强调管制要素，社会学强调规范要素，人类学和组织学强调文化—认知要素”。不同领域的学者不仅关注重点不同，基本观点和认识也有很大差异。

认可制度的管制属性的学者们提出，制度是规则系统或是治理系统。经济史学家诺斯认为，制度如同体育中团体竞技的比赛规则，由成文的正式规则和不成文的行为规则组成，后者是前者的基础和补充。制度发挥作用的关键就在于查明违规行为的成本和惩罚的严厉程度（North，1990）。威廉姆森等新一代制度经济学家认为，在前台发挥“管制结构”作用、管控经济交易的是具体的制度，尤其是组织（层级系统），而更大范围的政府管制结构等作为背景条件（Williamson，1994）。

认可制度的准则属性的社会学家们提出，可以将制度看作为社会生活提供道德框架的准则结构。与外部强加规则法律不同的是，准则是参与者内化的东西：指引参与者行为的是对共同价值的承诺。社会学家和人类学家关注的是社会生活圈，如家庭和亲属结构等，参与者更倾向于主动采取尊重秩序的行为。

组织分析中的新制度主义强调社会生活中文化—认知过程的作用（Powell and Dimmaggio，1991）。正是由于个体在交往过程中创建了支撑集体行动的共同认知与理解的框架，才使得社会生活成为可能，同时这个框架也界定了社会生活的范围（Berger and Luckmann，1967）。行动被重复和被自我及他人赋予相似意义的过程就是所谓的“制度化”（institutionalization）。人类学家吉尔茨指出，人是一种困在自己编织的意义之网里的动物，文化就是这张网（Geertz，1973）。

Scott 和 Davis 在 2011 指出，“发展成熟的制度框架都是三类要素的组合：管制、准则和文化—认知。理论的不同源于分析角度和分析对象选择的差别。而某种程度上这些要素是嵌套在一起的。文化—认知要素位于最深层次。没有对类别与区别的认识，就不可能有规则和准则。文化—认知要素包含一些无意思的信念和想当然的假设，是最为固执的。相反，受制度论学者最多关注的管制要素则位于表层，容易被设计或更改，与规范要素和文化—认识要素相比，也更加肤浅”（Evans，2004；Roland，2004）。

考虑到制度理论解决的是组织行为的合法性问题，强调制度的管制属性的学者们认为制度是规则系统或治理系统，因而认为组织合法发挥作用的关键就在于奖惩的制度；而强调制度的规范要素的学者们认为制度是准则系统，因而组织合法发挥作用的关键就在于对组织共同价值的承诺；强调制度的文化—认知系统属性的学者们认为制度是文化—认知系统，因而组织合法发挥作用的关键就在于组织中个人文化的认同。

在研究发展过程中，学者们逐渐认识到，组织及其参与者有可能面临不同逻辑与框架指导下的对策选择。因此，组织可能是主动采取战略性的回应，而不仅仅是接受支配性的要求。奥利弗认为，资源依赖视角和制度视角的结合，为面对制度压力的组织提供了更大范围的对策选择（Oliver，1991）。

资源依赖理论关注组织怎样从外部获取生存所需要的资源，保持对强势外部组织的掌控和避免对他们的过度依赖以及组织运用那些策略和技巧处理这些源于交换关系的权利关系（Scott and Davis，2011）。资源的交换导致组织间的权利与依赖关系，从而使组织容易受到资源供应商的要挟。资源依赖理论分析了组织管理这种依赖关系的策略，从开发和保持备用渠道，到通过给予这些外部团体代表拥有一定权利的位置，到设立合资企业或组建联盟，到组织协会汇聚同类组织的影响，甚至收购兼并有麻烦的供应商。一般来说，组织应该在保证自主地位并确保能够获取关键资源的前提下，采取上述对策中对自己约束最弱的结构（Scott and Davis，2011）。

在前述影响非连续创新采纳的理论中我们知道，影响企业非连续创新采纳的关键因素有五种，分别是：对外部资本的依赖、高度的正式化、政治阻力、对现存资产的情感纽带和刻板的思维方式。家族控制/家族正是通过对影响企业非连续创新采纳的上述五种关键因素发生作用来影响对非连续创新的采纳。

更进一步，从更本质的角度来理解家族控制/家族对家族企业非连续创新采纳的作用机制。

通过前述分析我们知道，家族控制正是通过影响对外部资本的依赖、高度的正式化、政治阻力、对现存资产的情感纽带和刻板的思维方式这五种关键因素来影响到企业对非连续创新的采纳。从制度理论和资源依赖理论的角度分析，对现存资产的情感纽带和刻板的思维方式，反映了企业组织中的个人的文化—认知，处于制度系统的最深层次；而政治阻力反映了企业内部组织的准则结构和道德框架，处于制度系统的中间层；而企业的正式化程度，代表了企业内部的规章和制度，反映了企业内部的治理系统，处于制度系统的表层；而企业作为一个系统，需要与外界交换资源，获得所需，企业对外部资本的依赖反映了这种需要，处于整个企业生态系统的最外层。整个企业对于外界环境的不连续而产生的非连续创新行为正是基于这样一个制度生态系统而产生。而家族对家族企业非连续创新的采纳正是作用于这样一个系统而产生影响。

从制度理论和资源依赖理论角度理解的企业非连续创新采纳关键因素模型如下图所示：

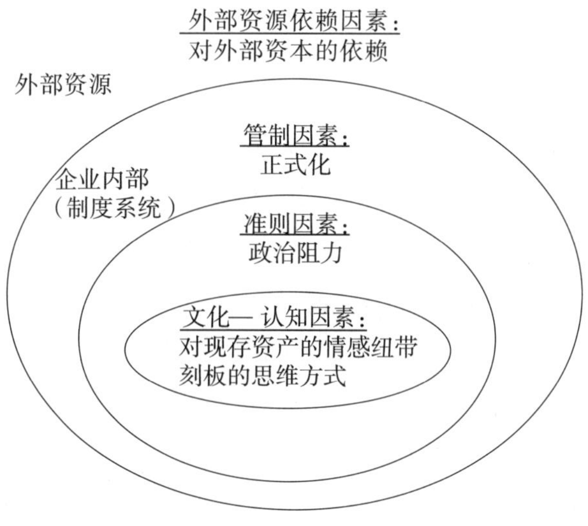

图 5－1　从制度理论和资源依赖理论角度理解的影响企业非连续创新采纳的关键因素模型

更进一步探讨：

企业的环境，包括企业的内部环境和企业的外部环境。企业的内部环境主要指企业内部的组织结构、生产技术结构、财务、人力资源、营销以及企业内部的企业文化等；而企业的外部环境则包括企业的社会环境和企业的市场环境。

国外的学者和管理学家们大多将企业的环境定义为组织的外部环境，达夫特在2003年内指出，组织环境就是在组织的边界以外，对组织的总体或局部有影响的所有因素的总和。

Hawley（1968）指出，环境就是所有外在于被研究的总体。

国内的学者对于环境的认识不仅包括企业的外部环境，还包括企业的内部环境。国内的学者赵锡斌（2004）指出，“企业环境是一个内容较广的概念，它既包括企业的内部环境，也包括企业的外部环境”。赵锡斌进一步认为，企业的环境系统包括四个子系统，即市场环境的子系统、企业内部环境的子系统、社会环境的子系统以及自然环境的子系统。其中，市场环境的子系统包括市场结构、市场容量、市场规则、竞争对手、供应商、购买者等，内部环境的子系统包括组织结构、生产与技术结构、人力资源、财务及控制、市场营销、研究开发以及企业文化等，社会环境的子系统包括政治环境、经济环境、科技环境、社会文化环境以及法律环境等，自然环境的子系统包括生态环境、资源环境等。

Pfeffer 和 Salancik（1978）以及 Ulrich 和 Barney（1984）提出了资源依赖的概念，他们认为，企业生存所需要的稀缺的资源，比如资金、人员、原材料等，来源于环境，环境中的企业努力获得对资源的控制来减少这种依赖。

本书认为，企业环境包括企业的外部环境和企业的内部环境，企业的外部环境主要用于企业和外部交换资源，而企业的内部环境则包括企业内部的制度因素（规则和规范）和更核心的文化—认知因素，企业本质就是一个应对环境变化和进行资源交换的生态系统。

非连续创新的触发因素来自环境的变化。Prahalad（1998）指出，在环境发生非连续变化的时候，企业不得不重新定位，重新界定企业的市场空间和产业的边界，重新设计产品和服务，企业采取这些活动的结果就是实施非连续创新（Hamel，1991）。魏江、冯军政和王海军（2011）也指出，环境非连续变化是企业非连续创新的直接诱因；非连续创新是转型经济背景下中国企业强化组织适应性的战略性选择。

结合前述的制度理论和资源依赖理论，为简化分析和更深刻地理解影响企业非连续创新采纳的作用机制，将前述总结的影响企业非连续创新采纳的五种关键因素，依据企业应对环境变化的制度和资源交换的生态系统，统一为影响企业非连续创新采纳的三种关键内外部因素，归纳如下：

外部资源依赖因素：对外部资本的依赖；

内部制度因素：正式化、政治阻力；

文化—认知因素：对现存资产的情感纽带、刻板的思维方式。

按照这一归纳，企业对现存资产的情感纽带以及刻板的思维方式，反映了企业组织中的个人的文化—认知因素，处于企业内部环境系统的最深层次，也最难改变，这两种因素结合在一起，构成了影响企业非连续创新采纳的文化—认知因素。而企业的正式化程度，代表了企业内部的规章和制度，反映了企业内部的治理系统，处于企业内部环境系统的表层；而政治阻力反映了企业内部组织的准则结构或规范要素，处于企业内部环境系统的中间层；这两种因素结合在一起，构成了影响企业非连续创新采纳的内部制度因素（规则/规范）。而企业对外部资本的依赖反映了企业作为一个系统，需要与外界交换资源，获得所需，处于整个企业生态系统的最外层，该因素构成了影响企业非连续创新采纳的外部资源依赖因素。这样，基于企业环境视角的影响非连续创新采纳的关键因素模型如下图所示：

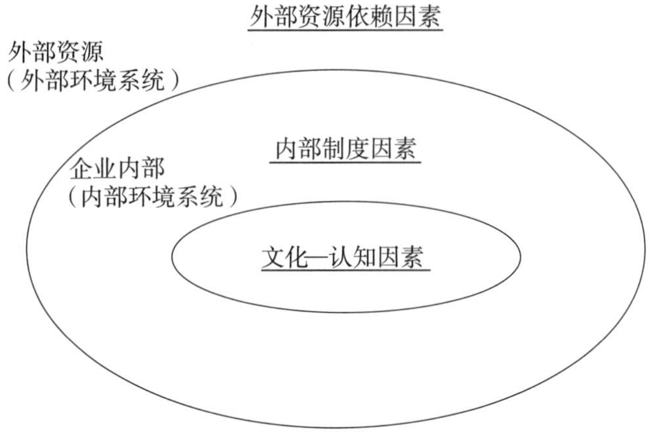

图 5－2　基于企业环境视角的影响企业非连续创新采纳的关键因素模型

下面对影响企业非连续创新采纳的这三种因素分别进行进一步的描述和界定。

外部资源依赖因素的界定和测量

陈振、严良和谢雄标（2011）在研究资源型产业集群产业外部环境因素时指出，企业的外部环境因素包括政府行为、金融环境、行业技术进步、相关产业的发展变化、市场需求、对外开放、基础设施、生态环境和公众意识九种因素。

张玉明和刘德胜（2009）指出，中小型科技企业成长的外部环境因素包括政策法律环境因素、产业演化与行业发展因素、企业集群因素、区域创新网络因素、金融生态因素以及社会服务及基础和设施建设因素。

本书认为，企业特别是中小企业的外部环境因素主要包括社会环境如政策、法律和区域相关的环境等，以及市场环境如金融以及产业的环境等。

Pfeffer 和 Salancik（1978）以及 Ulrich 和 Barney（1984）指出，企业生存所需要的稀缺的资源，比如资金、人员、原材料等，来源于外部环境，企业的外部环境主要用于企业和外部交换资源，环境中的企业努力获得对资源的控制来减少企业对外部资源的依赖。

目前在影响中国企业的外部环境因素中，诸如社会环境，如政策、法律等因素在不断地改善，特别是党的十八大之后，很多政策和法律上的不公平的因素被破除，企业经营的公平环境得到了很大程度的改善。当前，对中国中小企业特别是民营或家族企业经营影响最大的外部环境因素来自外部的金融环境或者说融资问题，相较于大的国有企业，中国的家族企业融资渠道单一且成本高企，融资问题已经成为制约民营或家族企业发展的最重要的问题之一，这也表现在民间融资成本非常之高但是中国民营或家族企业普遍维持较高的资产负债率，这种外部资本的意志或要求必然对企业的日常经营或诸如创新等战略的选择产生重要的影响。事实上，中国的企业家特别是民营家族企业在考虑企业的经营或诸如非连续创新等战略选择时，资金问题是一直是困扰他们的最重要的考虑因素之一，外部资本对新兴产业的理解或者对回报的要求也会影响家族企业在非连续创新上的选择，家族企业这种对外部资本的依赖正是影响非连续创新选择的重要因素之一。

不仅是对于中国的民营企业，融资问题也是影响其他转型国家中小企业经营发展和创新的普遍关键问题。Pissarides（1998）指出，融资障碍是影响转型经济国家中小企业成长壮大的关键因素。Muentetal（2001）对阿尔巴尼亚的中小企业的调查、Smallbone 和 Welter（2001）对乌克兰和白俄罗斯的中小企业的调查均发现，大部分企业的资金来源，不管是日常的周转资金、创业启动的资金，还是后续扩大再生产的资金，都是通过企业自筹获得，这些企业很难获得商业银行的贷款支持。在中国也有类似的情况发生，民营企业包括家族企业，创业的资金、日常周转的资金，以及扩大再生产的资金，大多来源于企业自筹或是其他渠道，企业的融资成本普遍较高，这些外部资本具有较高的话语权，必然对企业的经营或者创新选择产生重要的影响。

König、Kammerlander 和 Enders（2013）也指出，对外部资本的依赖是影响企业非连续创新选择的五种关键因素之一，外部资本对迅速、可预测和丰厚回报的要求将阻碍企业对非连续创新的选择（Christensen and Bower，1996）。

对外部资本的依赖属于企业的外部资源依赖因素中的对金融资源的依赖因素，包含在企业的外部资源依赖因素中。

综上所述，中国环境下，在其余外部资源依赖因素逐渐改善的情况下，对企业日常经营和创新选择影响最大的外部资源依赖因素来自企业对金融环境或外部资本的依赖，这种外部资源依赖因素可以考虑用企业的资本结构来衡量。依据李青原和王永海（2006）以及刘志彪和姜付秀等（2003）对资本结构的定义，企业的资本结构具体可以用企业的资产负债率来测量。所以，可以考虑用企业的资产负债率来测量企业的外部资源依赖因素。

内部制度因素的界定和测量

对于制度，经济学、政治学、社会学以及人类学都有不同的定义。社会学家 Scott（2008）对制度定义如下："制度由文化—认知、准则和管制要素以及相关的活动与资源构成，它为社会生活提供稳定性和意义。"前面我们根据这一定义，介绍了制度的三大要素：管制、规范和文化—认知要素。

在制度与组织关系的众多研究中，关于制度与组织的创新等行为的研究大致有三种分析的途径。第一种是研究企业的外部制度要素在企业组织中的内化或制度化的过程（Oliver，1991；Goodstein，1994；Oliver，1997）。Oliver（1991）指出，在外部的制度要素下，企业内部会对组织制度化过程中的制度压力和制度期望做出战略性的回应，从而形成了企业内部不同的制度情景。第二种是研究外部的制度要素怎样影响企业的战略行为（Hennart and Larimo，1998；Xu and Shenkar，2002）。Peng 等（2009）指出，外部不同的制度要素会影响企业的行为，从而影响企业绩效和战略等方面。第三种是研究企业内部的制度情景如何影响企业的行为，也就是企业的制度因素外化的过程。Lu 等（2008）指出，企业内部制度因素（正式结构和非正式规范）在企业的创新能力，以及知识管理能力发展中扮演了多方面的角色。

随着制度理论研究的进展，企业面临的外部制度要素（如政府管制、专业规范、社会文化等）逐渐演变内化成企业内部的制度要素（如组织制度、非正式规范、企业价值观、企业文化等），企业外部的制度要素内化后形成的企业内部制度要素又会对企业本身的行为产生影响。可以看出，制度和企业行为的研究从探讨企业的制度化过程和外部制度影响企业行为的阶段，演变到了研究企业内部的制度要素影响企业战略、创新选择等行为的阶段。目前，研究企业的内部制度要素对企业变革、战略的影响等课题已经成为学术界研究的前沿课题。

从制度要素影响企业的战略、创新选择等行为的角度，企业的制度要素可以被分为企业外部的制度要素和内化后形成的企业内部制度要素。企业外部制度要素包括政府管制、社会规范、社会文化、公共道德等；企业内部制度要素包括企业内部制度因素（如管理制度、创新制度、人力资源制度、信息制度等组织制度和非正式规范）以及文化—认知等。

我们在这里把企业内部制度要素分成企业内部制度因素（包括管制和规范要素）和更深层次的文化—认知要素。Lu 等（2008）指出，企业内部制度因素包括企业内部正式结构和非正式规范，其中正式结构对应的就是企业内部的管制方面的要素，而非正式规范对应的则是企业内部的规范方面的要素。在企业内部制度因素所包括的管制和规范方面的要素中，管制要素主要指企业内部的规则或制度，带有强制性的特色，同时建立在奖惩的基础上；而规范要素指的是企业内部的准则或约束，带有期望约束的特色，同时建立在道德支配的基础上。

企业的内部制度因素对企业的非连续创新采纳有着关键的影响。企业内部制度因素中的管制要素，代表了企业内部的规则或制度，企业内部的管制程度越高，企业内部的规则或制度越精细严格，企业的正式化程度也越高。Hannan 和 Freeman（1984）指出，企业内部的正式化程度对非连续创新的采纳构成了结构性的阻碍，企业内部的程序化的规章和制度往往使得企业忽视或者低估非连续创新的影响。Feldman 和 Pentland（2003）也指出，企业内部的正式化所形成的官僚体制会降低企业采纳非连续创新的决策速度，同时制约在非连续创新采纳上投入的资源。

企业内部的正式化的程度属于企业内部制度因素中的管制要素。企业的正式化代表了企业应对环境变化而响应和应对的标准和固化的程序（Arrow，1974；Hannan and Freeman，1977；Thomas et al.，1993）。罗宾斯（2005）也认为，正式化是组织成员受组织程序和规则引导的程度。组织的程序和规则越多，组织的正式化程度就越高。正式化反映了组织中有关限制和指导员工活动和行为的规章制度、方针政策、工作过程、程序指令、控制命令、控制系统等的标准化程度。罗宾斯认为，正式化的衡量标准在于组织是否有足够数量的手册用于规定员工的行为和活动，是否有详尽的工作说明书等其他正式文件。从上述对正式化的描述可以看出，企业的正式化的程度代表了企业内部的一种规则或制度，明确了企业内部的员工行为的方式，带有明显强制性的色彩，因而属于企业内部的管制要素。

企业内部的管制因素越强，代表了企业内部的规则或制度越详尽，企业通过制度化的设计或安排来促使组织中的个人按照组织的设计来行使职能，这种制度的理想模型就是科层制的组织，科层制的组织具有明确的技术化、精确化和理性化的特点，它保证组织成员的行为具有精确性、稳定性和可靠性，它严格限制了组织成员的行为方式。科层制的组织具有的典型特征是层级分明、等级森严，权利层级越多，表明这种制度越严格，对企业内部成员管制越多，行为的精确性也可能越高。因为企业内部的权利层级越多，企业内部的高管人数也越多，所以管制要素的强弱程度可以考虑用权利层级或者高管人数来衡量。

而企业内部的规范要素同样对企业非连续创新的采纳有着关键的影响。企业内部的规范要素代表了企业内部的准则或约束方面的要素，准则是参与者内化的东西，指引着参与者的行为，是他们对自己该做什么的认识。企业内部的不同利益群体有着自身的利益诉求，在遭遇非连续创新采纳带来的潜在的利益挑战的时候，出于维护自身利益的需要，也必然会对非连续创新的采纳产生影响。同时，不同的企业决策者由于价值观等方面的不同，对事物有着不同的理解，对非连续创新的采纳也有着不同的理解，这必然也会对非连续创新的采纳产生影响。

前文讨论的影响企业非连续创新采纳的政治阻力因素属于企业内部的制度规范要素。Lüscher 和 Lewis（2008）给出了政治阻力的定义，认为政治阻力就是企业内部的成员采取的各种反对或者破坏企业针对现状的变革的措施。Hannan 和 Freeman（1977）指出，由于企业的非连续创新打破了企业内部的政治平衡，企业内部并不是所有人都受益于非连续创新，那些在非连续创新中利益受损的群体有倾向于打破原有的平衡以阻碍非连续创新，这些人便形成了非连续创新采纳的政治阻力。企业组织层面上的不同的信念和承诺导致了企业不同的价值观。企业内部的政治阻力是企业内部利益群体自发的行为，属于内化的东西，这种政治阻力受到了企业价值观的重大影响，属于企业组织成为自我的行为方式，因而属于企业内部的规范要素。企业内部的政治阻力和企业内部利益群体的数量密切相关，一个内部利益群体众多的企业或组织，其内部政治阻力必定相对较强，而企业内部的利益群体大多来自于不同的高管群体，也就是企业内部的政治阻力和企业内部的高管数量有着密切的关系，可以用企业内部的高管数量来衡量企业内部的政治阻力的程度。

企业内部的制度规范要素代表了企业内部的准则或约束，这种规范要素对应的是企业内部的非正式规范。前述提到的政治阻力属于企业内部制度规范，对非连续创新采纳有着关键的影响；在企业内部对非连续创新采纳做出决策的是企业高管，这些高管受到各自的价值观等方面的影响，对非连续创新采纳有着不同的理解，必然也会影响企业的非连续创新采纳，企业内部的高管人数越多，这种潜在的不同理解会越多；同时，随着高管人数的增多，企业内部不同的利益群体也更多，这些不同的利益群体之间的利益协调也更难，当企业受到非连续创新冲击时，这些不同的利益群体在非连续创新采纳上可能产生分歧。所以可以考虑，将企业内部的高管人数作为衡量企业内部的规范要素的指标，来测量这一因素对影响企业非连续创新采纳的影响。

综上所述，企业内部制度因素对应了企业内部的管制和规范方面的制度要素，包括了正式的结构和非正式的规范，企业内部的内部制度因素对企业非连续创新的采纳有着关键的影响，该因素越强，反映了企业内部的管制和规范方面的要素越强，可以考虑用企业内部的高管人数来测量这一指标。

文化—认知因素的界定和测量

文化—认知因素按照 Scott 的界定，属于企业内部制度要素中处于最核心层次的制度因素。文化—认知因素强调社会生活中文化—认知过程的作用（Powell and Dimaggio，1991）。文化—认知系统包含了企业中的文化和个体的认知对企业行为的影响，强调了共同认知与理解的框架，对企业与行动者的建构具有重要的作用。Scott 和 Davis（2011）指出，文化—认知因素处于制度框架的最深层次，没有对类别和区别的认识，就没有规则和准则，文化—认知要包含一些无意思的信念和想当然的假设，是最为固执的。可见，文化—认知因素作为企业中成员或组织的深层次的要素，处于基础的地位，企业中规则或准则的建立依赖于此，同时企业内部的行为，如战略决策或创新选择等，也必然受到这一因素的关键影响，而且这一因素对企业行为的影响，也更为顽固和难以变化。企业非连续创新的选择，作为企业内部的重大变化，也必然会受到企业内部根深蒂固的文化—认知因素的关键影响。

我们前述提到影响企业非连续创新采纳的五种关键因素之一——对现存资产的情感纽带，作为企业内部成员认知的一部分，属于企业制度要素中的文化—认知因素，对企业的非连续创新行为的采纳有着底层或核心的影响。Burgelman 和 Grove（1996）、Sydow（2009）指出，企业的决策行为受制于企业对现有的有形或无形资源的情感纽带。König、Kammerlander 和 Enders（2013）进一步指出，企业的对现存资产的这种情感纽带越牢固，企业在做出非连续创新采纳时会越痛苦，因为企业非连续创新采纳往往意味着企业需要重新配置资源，改变内部的组织架构。

前述提到的影响企业非连续创新采纳的五种关键因素之一——企业内部刻板的思维模式，同样作为企业内部成员认知的一部分，属于企业制度要素中的文化—认知因素，对企业的非连续创新行为的采纳有着底层或核心的影响。Kaplan 和 Tripsas（2008）指出，组织的适应性建立在组织中个人和组织的认知基础上。Kaplan（2008）指出，组织的选择行为很大程度上归因于组织中成员思维模式的僵化或者灵活。Nelson 和 Winter（1982）进一步指出，相对固化的思维模式往往使得企业决策者固化自己的认知，聚焦在局部的进展上，这往往导致企业决策者从自己狭隘的思维模式上去理解非连续创新的变化（Barr et al.，1992）。König、Kammerlander 和 Enders（2013）指出，企业内部做出变化的速度和程度很大程度上取决于企业相关人员的思维模式的开放性和灵活度。Barr（1992）也指出，组织内部相关人员思维模式越灵活，组织越容易适应环境的剧烈变化。

企业内部的文化—认知要素作为企业内部成员或组织共同的文化—认知，这种文化—认知来源于企业内部成员对组织文化的认可，来源于企业长期的发展中所形成的特有的文化因素，这种文化因素影响了企业成员的认知，同时也影响了企业的战略或创新行为。可以看出，企业的文化—认知要素和企业的成立时间息息相关，一般来说，企业成立的时间越久，企业内部所形成的这种文化也越强大，企业内部的文化—认知因素也越显著。所以，可以考虑用企业的年龄来测量企业内部的文化—认知因素。

小结

本章在国外相关理论的基础上，提出了从企业环境视角理解的影响企业非连续创新采纳的关键因素模型，将影响企业非连续创新采纳的五种关键因素，依据企业应对环境变化的制度和资源交换的生态系统，统一为影响企业非连续创新采纳的三种关键内外部因素，包括外部资源依赖因素、内部制度因素和文化—认知因素。

本章还在前人文献的基础上，界定和测量了一些重要的概念，包括外部资源依赖因素、内部制度因素和文化—认知因素。对这些重要概念的界定是后续研究的基础。

第 6 章　中国环境下家族企业非连续创新采纳强度的影响机制模型

研究范围的界定

本书将研究范围界定在中国上市家族企业非连续创新采纳强度的影响机制研究。其目的是通过这一研究寻找到在中国这样一个特殊的环境下，家族企业在环境剧烈变化的情境下，家族如何影响到企业的非连续创新采纳。之所以说相比较于国外，中国是一个特殊的环境，是因为中国在最近几十年，走过了西方发达国家一百年所走过的路程，中国目前处在一个传统和现代交织、传统产业和新兴产业大量并存的环境下，中国的家族企业所经历的环境变化，是国外家族企业未有经历的。而且，中国的家族企业普遍成立时间都比较短，缺乏文化的传承，相比之下，国外很多的家族企业历史悠久，传承了很多代，底蕴深厚。在这种内外环境差异较大的情况下，中国的家族企业和国外的家族企业对于非连续创新的家族影响机制肯定有很多的不同。

选择中国上市家族企业作为研究对象是因为中国上市家族企业在中国家族企业当中相对实力较强，更容易感受到环境的压力，潜在选择非连续创新的机会也更多。而且，考虑到后面实证分析中需要获取有效的数据，而中国的上市公司样本数据库最为丰富，并且数据覆盖各个行业和区域，数据具有较为普遍的代表性，后面的数据收集也会更加容易，更有机会做实证方面的模型验证。

后面的理论和实证分析，均考虑以中国上市家族企业作为研究分析对象。

自变量和因变量的选择

本研究需要考虑的两个重要的定义是家族控制和非连续创新采纳强度，分别对应于后续模型的自变量和因变量。在前面，我们已经对这两个变量有了清晰的界定，对这两个变量的界定是本书研究的基础。

之所以将家族控制作为自变量，是因为家族控制对家族企业的决策以及创新的选择发展起到了关键的影响作用。家族对企业非连续创新采纳的影响作用正是通过家族对企业的控制（家族控制）实现的。

根据前面的分析，本书认定的家族企业为企业所有权或控制权归家族所有的企业。所有权强调，企业实际控制权属于某个以血缘、姻亲关系为联结的家族所有。家族控制可以通过家族在企业中的投票权或家族在企业中的控制权比例来衡量。

之所以将非连续创新采纳强度作为因变量，是因为非连续创新采纳强度在非连续创新采纳所对应的四种状态（采纳速度、采纳强度、采纳持续时间、采纳灵活性）中相对最容易测量和获得数据。König、Kammerlander 和 Enders（2013）提出非连续创新采纳包括采纳的速度、投入的资源（强度和持续性）以及程序的灵活性，其中非连续创新采纳的速度（adoption speed）指的是企业接受非连续创新并将其作为战略选项的速度；非连续创新采纳的强度（adoption aggressiveness）即投入资源的强度，指的是企业每年在非连续技术开发上投入的资源；投入资源持续的时间（adoption stamina）指的是企业在非连续创新资源投入上持续的时间；程序的灵活性（adoption flexibility）指的是企业在非连续创新采纳过程中重新配置内部资源的程度。考虑到中国的环境下获得数据的难易性，我们将非连续创新采纳强度作为因变量的指标。

在上一章中我们对非连续创新采纳强度进行了界定，并提出了测量的方法。非连续创新采纳强度（adoption aggressiveness），也就是企业在非连续创新采纳中投入资源的强度，指的是企业每年在非连续技术开发上投入的资源（König et al.，2013）。非连续创新采纳强度代表了企业在非连续创新采纳上的投入，可以用企业无形资产栏目中技术（发明专利/非专利技术/专有技术）的本期增加值来测量。在前面，我们对非连续创新采纳强度做了详尽的分析，简要如下：企业的非连续创新来自企业在非连续技术创新上的投入的不断资本化，所以，企业在非连续创新上的投入可以用资本化后形成的非连续创新来衡量。在前面的分析中，我们知道，企业无形资产栏目中，技术（发明专利/非专利技术/专有技术）的本期增加值代表了企业在非连续创新上所获得的新知识的程度，可以用来测量企业的非连续创新，因而，企业非连续创新采纳强度也可以用无形资产栏目中技术（发明专利/非专利技术/专有技术）的本期增加值来测量。

国外学术界关于家族企业非连续创新采纳的模型

在前面章节中我们提到，为了描述在位企业在进行非连续创新时的影响因素，西方学者们建立了多方面的理论。在非连续创新采纳中企业遇到的影响因素主要有：高度的正式化（Hannan and Freeman，1984）、对外部资本的依赖（Christensen and Bower，1996）、政治阻力（Tushman et al.，1986）、对现存资产的情感纽带（Burgelman and Grove，1996）和刻板的思维方式（Tripsas and Gravetti，2000）。

Hill 和 Rothermel 在 2003 年指出家族对影响企业非连续创新采纳的五种关键因素有影响。Carney 在 2005 年也指出家族企业有助于降低影响企业采纳非连续创新的组织正式化和对资本市场短期盈利导向。

König、Kammerlander 和 Enders 在 2013 年指出家族通过对影响非连续性变革的五种关键因素产生影响，进而对企业非连续创新采纳产生影响。并提出了一系列假设，主要有：家族减弱了企业的正式化程度、对外部资本的依赖和企业内部的政治阻力，增强了企业的情感纽带和刻板的思维模式。并提出了家族对企业非连续创新采纳的模型。但是该理论仅限于理论推导，缺乏实证研究。

König、Kammerlander 和 Enders（2013）指出，家族降低了企业的正式化程度。家族的传承需要使得企业倾向于追求长期的目标，企业有动机获取在正式化程度下很难获得的机会，即使这些机会使得企业面临挑战。同时，家族使得企业内部联系更加紧密，降低了企业正式化的程度。

Carney（2005）以及 Sirmon 和 Hitt（2003）指出，家族企业由于维持家族延续和家族控制权的需要，往往不愿意将股份转让给外部资本。家族企业的决策系统通常对于迅速、可预测的回报的要求也没有外资本要求的那么高。

Bower 和 Gilbert（2006）认为，家族企业由于传承的需要追求长期的健康发展，企业的中层管理人员认可企业的长期的发展目标，因而更能接受非连续创新。Gómez-Mejía 等（2001）指出，家族企业的权威使得企业内部的政治阻力更小，家族关键决策者的决定通常是不可协商的。这些将有利于非连续创新的采纳（König et al.，2013）。

Miller 和 Le Breton-Miller（2005）认为，家族企业中的高层管理者往往和企业内外部维持紧密的关系，这些高层管理人员通常不愿意损害这种紧密的联系，而非连续创新的采纳将会危害这种联系。而家族将会增强这种纽带，从而使得企业决策者倾向于不采纳非连续创新（König et al.，2013）。

Berrone 等（2010）指出，由于对企业延续性的追求，家族企业倾向于管理层长期保持稳定，这有可能造成思维模式的僵化。而且随着家族影响的增加，企业的管理层变得越来越同质化，思维模式也越来越固定。并且，家族企业也倾向于保持底层员工的稳定性，而不是考虑雇佣新的不同思维模式的员工，这将阻碍家族企业对非连续创新的采纳。

从上述国外的理论分析可以看到，家族对企业非连续创新的采纳通过作用于影响企业非连续创新的五个关键因素发生作用，即家族通过作用于高度的正式化、对外部资本的依赖、政治阻力、对现存资产的情感纽带和刻板的思维方式来对非连续创新的采纳产生影响。

综上所述，归纳国外关于家族企业非连续创新采纳的模型如下：

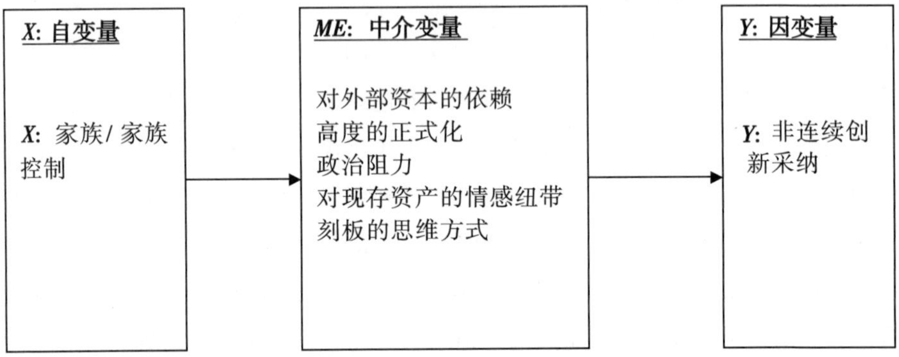

图 6-1　国外关于家族企业非连续创新采纳的模型

从前述文献理论可以知道，西方学者通过理论分析，得到如下理论推断：

1. 家族减弱了企业对外部资本的依赖

理论分析：家族企业由于维持家族延续和家族控制权的需要，往往不愿意将股份转让给外部资本。家族企业的决策系统对于迅速、可预测的回报的要求通常也没有外资本要求的那么高（Carney，2005；Sirmon and Hitt，2003）。

2. 家族减弱了企业的正式化程度和政治阻力

理论分析：家族的传承需要使得企业倾向于追求长期的目标，企业有动机获取在正式化程度下很难获得的机会，即使这些机会使得企业面临挑战。同时，家族使得企业内部联系更加紧密，降低了企业正式化的程度（König et al.，2013）。

家族企业的权威使得企业内部的政治阻力更小，家族关键决策者的决定通常是不可协商的。这些将有利于非连续创新的采纳。

3. 家族增强了企业对现存资产的情感纽带和刻板的思维方式

理论分析：家族企业中的高层管理者往往和企业内外部维持紧密的关系，这些高层管理人员通常不愿意损害这种紧密的联系，而非连续创新的采纳将会危害这种联系。而家族将会增强这种纽带，从而使得企业决策者倾向于不采纳非连续创新（Miller and Le Breton-Miller，2005）。

由于对企业延续性的追求，家族企业倾向于管理层长期保持稳定，这有可能造成思维模式的僵化。而且随着家族影响的增加，企业的管理层变得越来越同质化，思维模式也越来越固定。并且，家族企业也倾向于保持底层员工的稳定性，而不是考虑雇佣新的不同思维模式的员工，这将阻碍家族企业对非连续创新的采纳（Berrone et al.，2010）。

4. 企业对外部资本的依赖减弱了企业对非连续创新的采纳

理论分析：企业的决策受到企业的外部资源的限制。外部的资本往往要求迅速的、可预测的、大量的回报，而非线性创新却并不满足这一点。由于对外部资源的依赖，管理者会陷入两难困境，倾向于采纳连续性的创新而不是非连续性的创新，即使这种做法对企业的长期发展造成威胁（Christensen and Bower，1996）。

5. 企业的正式化程度和政治阻力减弱了企业对非连续创新的采纳

理论分析：组织高度的正式化产生了组织惰性，阻碍了非连续创新的采纳。高度的正式化所营造的组织审查流程也有低估非连续创新的倾向。同时，高度的正式化所产生的官僚主义也降低了对于非连续创新的采纳速度，减少了所投入的资源（Hannan and Freeman，1984）。

企业对非连续创新的采纳使得企业内部的政治平衡被打破，由于非连续创新采纳而利益受损的管理层倾向于采取措施阻碍非连续创新的采纳，企业内部的这种政治阻力将会对非连续创新的采纳产生阻力（Hannan and Freeman，1977）。

6. 企业对现存资产的情感纽带和刻板的思维方式减弱了企业对非连续创新的采纳

理论分析：企业决策者在情感上和企业的有形的和无形的资源紧密联系，这种联系纽带越紧密，决策者在做出非连续创新决策时将会越痛苦。因为非连续性的采纳将使得企业重新调配资源，舍弃部分原本对企业重要的资源。这种紧密的联系纽带对非连续创新的采纳产生了阻碍（Burgelman and Grove，1996）。

企业新的模式的执行依赖于组织中每个人自己的思维模式。企业的思维模式越灵活，企业采纳非连续性创新也就越容易（Feldman and Pentland，2003）。

西方学者对企业非连续创新采纳的家族影响机制的研究基于国外成熟的社会和经济文化环境，并且，西方的家族企业普遍成立时间比较长，企业的文化底蕴深厚。但是，中国的家族企业面临的社会经济文化环境与国外相比有很大的不同，中国的家族企业普遍成立的时间也都比较短，所以分析中国上市家族企业非连续创新采纳的机制模型需要因地制宜。

从企业环境视角归纳家族企业非连续创新采纳模型

针对上文所提到的国外对家族企业非连续创新采纳的模型，根据前面章节的分析，我们考虑结合制度理论和资源依赖理论，从企业环境的视角简化和更深刻地认识和提炼这一模型，并为后续提出中国上市家族企业非连续创新采纳强度的影响机制模型做铺垫。

在前面的分析中我们提到，企业环境包括企业的外部环境和企业的内部环境，企业的外部环境主要用于企业和外部交换资源，而企业的内部环境则包括企业内部的制度因素（规则和规范）和更核心的文化—认知环境因素，企业本质上就是一个应对环境变化和进行资源交换的生态系统。在前面的章节中，我们结合制度理论和资源依赖理论，为简化分析和更深刻地理解影响企业非连续创新采纳的作用机制，将前述总结的影响企业非连续创新采纳的五种关键因素，依据企业应对环境变化的制度和资源交换的生态系统，统一为影响企业非连续创新采纳的三种主要因素，归纳如下：

外部资源依赖因素：对外部资本的依赖；

内部制度因素：正式化程度、政治阻力；

文化—认知因素：对现存资产的情感纽带、刻板的思维方式。

按照这一归纳，企业对现存资产的情感纽带以及刻板的思维方式，反映了企业组织中的个人的文化—认知因素处于企业内部环境系统的最深层次，也最难改变，这两种因素结合在一起，构成了影响企业非连续创新采纳的文化—认知因素。而企业的正式化程度，代表了企业内部的规章和制度，反映了企业内部的治理系统，处于企业内部环境系统的表层；而政治阻力反映了企业内部组织的准则结构或规范要素，处于企业内部环境系统的中间层，这两种因素结合在一起，构成了影响企业非连续创新采纳的内部制度因素（规则/规范）。而企业对外部资本的依赖反映了企业作为一个系统，需要与外界交换资源，获得所需，处于整个企业生态系统的最外层，该因素构成了影响企业非连续创新采纳的外部资源依赖因素。

按照这一框架，家族对企业非连续创新采纳的影响机制模型演变为：

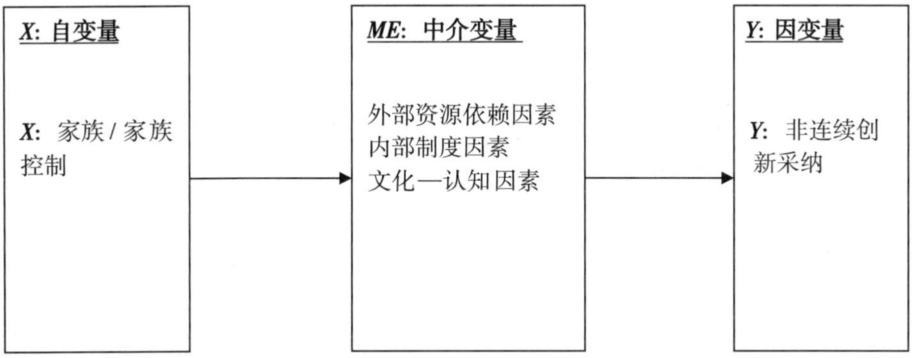

图 6－2　从企业环境视角理解的家族企业非连续创新采纳模型

上市家族企业非连续创新采纳强度的影响机制模型

König、Kammerlander 和 Enders 在 2013 年指出，家族通过对影响非连续性变革的五种关键因素产生影响，进而对企业非连续创新采纳产生影响。但是该理论仅限于国外成熟稳定的经济和社会文化环境下的理论推导，更加缺乏实证的研究。

中国是一个传统和现代交织的国家，而且也是一个非常特殊的国家。相较于国外的企业，中国企业成立的时间大多很短，而且面临的外部环境更加的多变。中国经济体发展迅速，短短几十年间，中国经济走过了国外经济体几十甚至上百年的历程，这导致中国企业不得不面对迅速变化的环境，企业不得不采取一系列的变革。所以，中国企业面对的外部环境，相较于国外相对成熟稳定的外部环境，有诸多不同，中国企业在面临外部环境变化而做出变革的时候，其作用机制和反应机理，和国外也很可能有诸多的差异。国外的理论和假设，在中国的环境下，未必适合。所以，寻找中国环境下的企业应对变革特别是非连续变革的模型，就显得非常重要。

同时，中国的家族企业普遍成立的时间都在最近的二十年之内，相较于国外家族企业动辄五十甚至上百年的历史，中国的家族企业普遍都很年轻，所处的企业生命周期的阶段也可能不尽相同。相较于国外的家族企业，中国的家族企业的管理一般还比较落后，这种落后不仅反映在管理上，也反应在企业内部的文化上。但是，中国家族企业面对的外部环境变化，却比国外的家族企业面对的环境变化要剧烈得多。尤其是中国的上市家族企业，不仅要面对企业内外环境变化的各种挑战，还要应对企业上市前后在管理、面对公众、资本等方面的巨大差别，企业控制人家族所面临的挑战是国外家族企业很难想象的。中国的家族企业应对环境变化的反应，和国外成熟的家族企业相比，可能也有很大的不同。因此，研究中国上市家族企业应对企业非连续创新采纳的影响机制模型，具有深远的意义，而且这种影响机制模型，很可能也是中国所特有的。

根据前述分析，借鉴国外对非连续创新采纳的研究，结合制度理论、资源依赖理论，从企业环境的视角，本书提出了影响家族企业非连续创新采纳的机制模型。

该模型将影响企业非连续创新采纳的因素归纳为外部资源依赖因素、内部制度因素以及文化—认知因素。这三种因素结合在一起，构成了影响企业应对环境挑战而采纳非连续创新的关键变量。其中，外部资源依赖因素主要指企业为获取所需与外部资源的交换；内部制度因素主要指企业内在的制度和规范的因素，反映了企业内在的管理制度以及行为规范；而文化—认知因素反映了企业组织内部个人的文化和认知方面的因素。上述三个变量作为中介变量，家族通过作用于这三个中介变量而对非连续创新采纳产生影响。

因为在家族企业的治理结构中，家族对企业的决策以及创新的选择发展起到了关键的影响作用，依据前面章节的分析可知，家族对企业的这种影响作用正是通过家族对企业的控制（家族控制）实现的，而家族对企业的非连续创新采纳的影响也是通过家族控制来实现的。本书将家族控制作为自变量，来反映家族对创新采纳的这种影响作用。

在前面的分析中我们还提到，将非连续创新采纳强度作为因变量。因为非连续创新采纳强度在非连续创新采纳所对应的四种状态（采纳速度、采纳强度、采纳持续时间、采纳灵活性）中相对最容易测量，我们在前面也对非连续创新采纳强度做了界定。

可以看出，家族企业对非连续创新采纳强度的影响机制模型是中介效应模型。本书将主要采用中介效应模型，对自变量家族控制、三个中介变量（外部资源依赖因素、内部制度因素以及文化—认知因素）和因变量非连续创新采纳强度之间的作用机制逐一分析。

中介效应模型介绍

中介效应指的是自变量（X）和因变量（Y）之间的关系不是简单的直接因

果关系，而是通过一个或多个中间变量（M）的间接影响而产生的，这时，我们称 M 为中介变量。这种自变量通过中介变量对因变量产生的间接影响，我们称为中介效应。中介效应是间接效应的一种形式，在模型只存在一个中介变量的情况下，中介效应就是间接效应；当模型中存在多个中介变量时，中介效应并不等同于间接效应，这个时候，间接效应可能是部分中介效应或所有的中介效应的总和。

在许多中介模型中，中介变量并不仅仅只有一个，而且很可能调节变量和中介变量同时存在，在这种情况下，模型中既有中介效应还有调节效应，此时对这种模型的检验就显得更为的复杂了。

本书上市家族企业非连续创新采纳强度的影响机制模型中存在三个中介变量，可以考虑是一种中介效应模型。后面采用依次检验法对模型进行实证检验，在下面的理论分析中，我们也参照这一“三步走”的方式，分别做出理论假设。

依次检验法的步骤如下：

以最简单的三变量为例，介绍中介效应模型的检验步骤。三变量的中介效应模型中介关系可以用回归方程表示如下：

其中 X 是自变量，M 是中介变量，Y 是因变量。

（1）$Y = aX + e_1$

（2）$M = bX + e_2$

（3）$Y = a'X + cM + e_3$

上述三个方程的模型图如下：

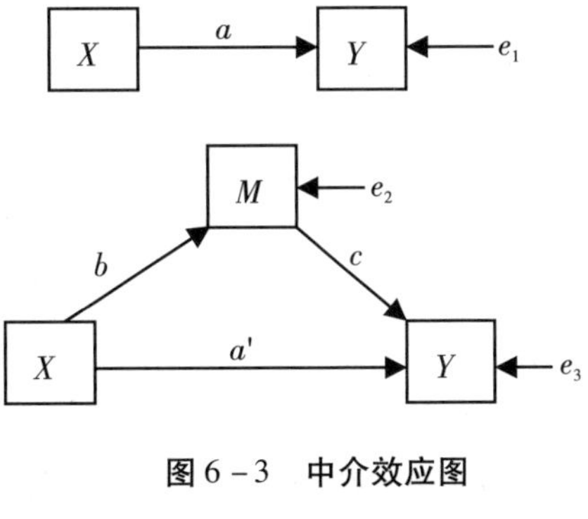

图 6-3　中介效应图

依次检验法分别检验上述（1）、（2）、（3）三个方程中的回归系数，步骤如下：

1. 首先检验自变量 X 和因变量 Y 的相关关系：即检验方程（1）$Y = aX +$

e_1，若 a 显著，则继续检验方程（2）；若 a 不显著，则说明 X 对 Y 相关关系不成立，则停止中介效应检验步骤。

2. 再检验自变量 X 和中介变量 M 的相关关系：即在 a 通过显著性检验后，继续进行下面的步骤，继续检验方程（2）$M = bX + e_2$，若 b 显著，则继续检验方程（3）；若 b 不显著，就停止检验。

3. 最后检验自变量 X、中介变量 M 和因变量 Y 的相关关系，并判定中介效应是否成立：即在方程（1）和（2）都通过显著性检验后，检验方程（3）$Y = a'X + cM + e_3$，首先检验 c 的显著性，如果 c 显著，则说明中介效应显著；然后再检验 a'，若 a'显著，则说明中介效应是不完全中介效应，如果不显著，则说明是完全中介效应，X 对 Y 的作用完全通过 M 来实现。

在下面的理论分析中，我们也参考依次检验法中的自变量→因变量，自变量→中介变量以及自变量、中介变量、因变量的步骤，分别建立三部分的理论假设，在下面的章节中，我们将采用依次检验法，分别对这三部分的理论假设进行验证。

家族控制与外部资源依赖因素和非连续创新采纳强度的中介效应模型

考虑到这是一种中介效应模型。参考中介效应模型依次检验法中的自变量→因变量，自变量→中介变量以及自变量、中介变量、因变量的步骤，可以建立如下三部分假设。

1. 家族控制与非连续创新采纳强度

参考依次检验法，在分析自变量→因变量的关系中，不用考虑中介变量的影响，因而在分析本假设家族控制与非连续创新采纳强度关系时，不用考虑中介变量外部资源依赖因素的影响。

传统的学术界观点认为，家族控制使得家族企业保持了对外部资源或外部资本的独立性（Gómez-Mejía et al.，2001；Mishra and McConaughy，1999；Schulze et al.，2003），这种独立性使得家族企业可能更为自主地决定企业在非连续创新采纳上的投入。因而，家族企业随着家族控制的增强，可能在非连续创新采纳上的投入更加自主，也更倾向于增加在非连续创新采纳上的投入。同时，家族控制使得家族企业降低了内部的正式化的程度和内部的政治阻力，也会减少在非连续创新上的投入所遇到的阻力。

König、Kammerlander 和 Enders（2013）提出了不同的观点，家族企业由于家族控制的增强，相对于外部资源或资本更加独立，在非连续创新上的投入倾向于使用企业内部的自由现金流，而企业内部的自由现金流是存在一定限制的，这将会大大制约企业在非连续创新采纳上的投入。而家族控制较小的企业却不存在这种限制，家族控制较小的企业相对更多地采用外部资源或资本，这将反而可能会增加企业在非连续创新采纳上的投入。同时，家族控制较强的企业对企业现有的财富更加看重（Gómez-Mejía et al.，2007；Loewenstein and Thaler，1989），企业花在非连续创新采纳上的投入将可能会使得短期内企业现有的财富受到损失，从而破坏家族企业内部的和谐，这些顾虑使得家族企业内部的决策者倾向于限制在非连续创新采纳上过于激进地投入。König、Kammerlander 和 Enders 认为，家族企业随着家族影响的增强，企业在非连续创新采纳上的投入将会降低。

西方的学术界对于家族和非连续创新采纳的关系有上述这两种截然不同的理解，这两种不同的理解来源于看待问题的不同角度。

在中国环境下，由于中国文化的影响，中国的上市家族企业对于家族财富和家族传承非常看重，家族企业内部对于企业现有的财富也非常看重。随着家族控制的增强，家族企业对于企业现有财富和家族传承也更加的重视，企业在非连续创新上的投入短期内很可能看不到业绩，而且未来的成效也存在不确定性，这可能会使得短期内企业现有的财富受到损失，从而破坏家族企业内部的和谐。这些顾虑使得家族企业内部的决策者倾向于限制在非连续创新采纳上过于激进地投入，这种顾虑随着家族控制的增强将会更加的强烈。同时，中国上市家族企业对于家族传承非常重视，家族企业不愿失去控制权，而企业在非连续创新采纳后存在的技术以及相应的组织内部变革带来的不确定性可能对上市家族企业的家族的控制力带来不利的影响，因而上市家族企业随着家族控制力的增强，越倾向于保持家族企业的稳定性，从而抵制非连续创新，限制在非连续创新采纳上的投入。企业在非连续创新上的投入越低，企业的非连续创新采纳强度可能越低。

因此，提出如下假设：

假设 P1 －1：上市家族企业家族控制越强，企业非连续创新采纳强度越低。

2. 家族控制与外部资源依赖因素

Mishra 和 McConaughy（1999）指出，家族控制使得家族企业保持了对外部资源或外部资本的独立性。Arregle、Hitt、Sirmon 和 Very（2007）也指出，随着家族因素的增强，企业对外部的依赖降低。Carney（2005）指出，家族企业更加考虑企业的长远目标，而对于外部资本所要求的迅速和可预测的回报并不看重。Gómez-Mejía 等（2007）从家族企业传承的角度提出，家族企业由于企业传承的需要，并不愿意稀释股份增加对外部资本的依赖，家族企业倾向于维护企业内部的命令统一和完整。

考虑到中国的家族企业相较于国外，普遍都成立时间不长，而且在中国的环境下，企业之间的竞争环境更加恶劣，中国的家族企业控制者在考虑企业对外部资源如资本的依赖时，考虑的因素和国外家族企业考虑的因素会有不同。相较于国外的家族企业，中国的家族企业普遍都更具有进取心，否则很容易被市场所淘汰，中国的家族企业相较于国外普遍都更具有扩张的精神，否则也很难做大。而且，中国工业整体还是以传统制造业为主，企业的扩张多需要负债经营。随着家族在企业中控制权比例的增加，家族对企业的控制力越强，企业也更有可能跟随企业家做出这种扩张的从动。因而，在中国的环境下，随着家族控制的增强，家族企业对譬如资本等外部资源因素的依赖越高。

这一点，可能也是中国的家族企业和国外的家族企业明显不同的一点。国外的家族企业普遍成立时间比较长，企业相对保守，企业发展空间也有限，企业大多投资谨慎，不愿意做出大规模扩张的举动。而中国的家族企业正是由于作风大胆激进，才能在激烈的竞争中把握机会，脱颖而出，甚至成为上市公司，因而普遍更具有扩张的精神，企业在发展中，随着家族控制的增强，对譬如资本等外部资源因素的依赖也越高。

因此，提出如下假设：

假设 P1 -2：上市家族企业家族控制越强，企业的外部资源依赖因素越强。

3. 企业外部资源依赖因素与非连续创新采纳强度

Benner（2007，2010）指出，企业的外部资源如资本对于非连续创新的回报的要求比更具确定性的连续创新更高。König、Kammerlander 和 Enders（2013）进一步指出，外部资本对于非连续创新采纳更高的回报要求使得在位企业的决策部门限制了在非连续创新采纳上的投入。Christensen 和 Bower（1996）也指出，外部资本要求迅速、可预测和丰厚的回报将阻碍企业对非连续创新的选择。

中国是一个发展中国家，中国家族企业所面临的外部环境不同于西方发达国家的家族企业。在西方发达的资本市场，资金成本很低，企业的融资成本也很低；而在中国，企业的融资成本很高，而且融资渠道狭窄。外部资本对回报率的要求很高，企业对外部资本依赖越强，而外部的资本往往更希望企业做出变革，来获得更高的潜在利润。由于这种外部资本的压力加上中国家族企业进取的企业家精神，企业也更愿意做出非连续创新，以应对环境的变化，并获得更高的潜在利润，企业在非连续创新上的投入可能越大，企业的非连续创新采纳强度可能越高。

这也是中国环境下的企业或上市公司不同于西方企业的一点。这种对外部资源的依赖所造成的非连续创新采纳选择的差异来自双方的资本市场成熟程度的不同，资本对回报的要求也有很大的差别，也来自于中外家族企业企业家精神的区别。

假设 P1－3：上市家族企业的外部资源依赖因素越强，企业非连续创新采纳强度越高。

4. 企业所在区域和规模在中介效应模型中的调节作用

考虑到企业所在区域的发达程度不同，或者企业的规模大小不同，会影响家族做出非连续创新采纳的选择，因此将企业所在区域和企业规模作为调节变量，调节对自变量家族控制的作用机制。

中国上市家族企业规模越大，企业内部的组织结构可能越复杂，层级可能越多，企业内部存在的政治阻力可能越大，由于实行非连续创新而可能影响的内部利益团体可能越难以协调。并且随着企业规模的增大，企业内部的惰性也在逐渐增强，企业越倾向于保持经营的稳定，避免引起大的调整。这些都不利于非连续创新的采纳，企业在非连续创新采纳上的投入可能越小，企业的非连续创新采纳强度可能越低。

假设 P1－4：上市家族企业规模越大，企业非连续创新采纳强度越低。

企业所处的区域越发达，家族企业的决策部门思维可能越活跃，越愿意接受新的模式。同时，随着企业所处区域的发达程度的提高，企业外部的新的选择机会也越多，潜在的全新的业务也可能越多，企业有更多的可能做出非连续创新的选择。这些都有利于企业采纳非连续创新，企业在非连续创新采纳上的投入可能更高，企业的非连续创新采纳强度也可能更高。

假设 P1－5：上市家族企业所在区域越发达，企业非连续创新采纳强度越高。

由于发达区域相对融资便利程度更高，外部资源如资本的获得渠道也更多，相对也更容易获得，所以越发达的区域，企业所获得的外部资源如资本也可能越多，企业对外部资源的依赖也越强。

假设 P1－6：中国上市家族企业区域越发达，企业对外部资源的依赖因素越强。

由于规模越大的企业相对内部资源调配能力越强，所以规模越大的企业，受到外部资源因素的制约越弱，对于外部资源的依赖程度也越弱。

假设 P1 –7：中国上市家族企业规模越大，企业对外部资源的依赖因素越弱。

5. 家族控制与外部资源依赖因素和非连续创新采纳强度的中介效应模型

在前面的分析中，我们做出了如下的假设：

假设 P1 –1：上市家族企业家族控制越强，企业非连续创新采纳强度越低。

假设 P1 –2：上市家族企业家族控制越强，企业对外部资源依赖因素越强。

假设 P1 –3：上市家族企业的外部资源依赖因素越强，企业非连续创新采纳强度越高。

由上述假设可以推断出以下关系：自变量家族控制和因变量非连续创新采纳强度是负相关关系，在加入了中介变量外部资源依赖因素之后，中介变量外部资源依赖因素弱化了自变量家族控制对因变量非连续创新采纳强度之间的负相关关系。

理论上的分析如下：在前面假设 P1 –1 的分析中我们提到，在中国环境下，随着家族控制的增强，上市家族企业由于对家族现有财富的重视和家族传承的追求，而倾向于抵制非连续创新的采纳。但是，在外部资源依赖因素中介作用机制下，首先，中国上市家族企业由于激烈的外部竞争所锻造出来的进取的企业家精神使得企业普遍倾向于加速扩张，随着家族控制的增强，家族对企业的控制力也得到加强，企业更有可能跟随企业家做出这种扩张的从动，因而随着家族控制的增强，中国上市家族企业对譬如资本等外部资源的依赖越高；其次，中国的外部环境尤其是资本因素和国外成熟的环境有很大的不同，在中国环境下，外部资源因素尤其是资本因素对回报有非常高的要求，这种非常高的要求需要企业做出创新性的变革来获取潜在更高的利润，正是这种外部资源如资本因素对利润的非常高的追求加上中国家族企业家进取的企业家精神，使得中国上市家族企业对外部资源如资本因素的依赖越高，越愿意采纳非连续创新，在非连续创新采纳上的投入可能越高，非连续创新采纳强度也可能越高。

所以，对于中国上市家族企业来说，在非连续创新的采纳上形成了一个两难的困境：一方面，随着家族控制的增强，家族追求更多地保存现有的财富和更好地进行家族传承，这将限制家族企业在非连续创新上的采纳和投入，从而降低了非连续创新的采纳强度；另一方面，随着家族控制的增强，家族对外部资源尤其是资本因素的依赖愈加明显，而这种依赖又将增强家族企业在非连续创新上的采纳和投入，提高了非连续创新上的采纳强度。在非连续创新的采纳和投入上，家族企业将不得不在这种两难的境地下做出平衡。

从上面的分析可以看出，家族控制与外部资源依赖因素和非连续创新采纳强度之间是一种中介效应，而且是不完全中介效应，即一方面，家族控制可以直接对企业的非连续创新采纳强度发生负向的作用机制，另一方面，家族控制也可以通过外部资源依赖因素的中介效应对非连续创新的采纳强度发生正向的作用机制，家族企业的决策者将在这种两难的境地下做出平衡。

综上所述，本书提出本部分的总体假设如下：

假设 P1：中国上市家族企业对外部资源的依赖弱化了家族控制对企业非连续创新采纳强度的负相关关系（不完全中介效应）。

而家族控制与外部资源依赖因素和非连续创新采纳强度的中介效应模型如下图所示：

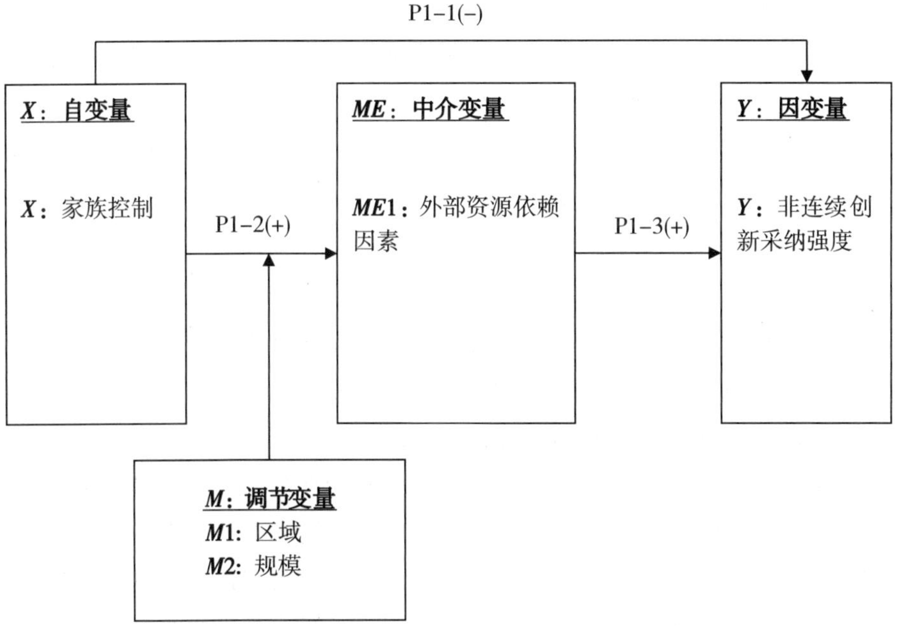

图 6－4　家族控制与外部资源依赖因素和非连续创新采纳强度的中介效应模型

家族控制与内部制度因素和非连续创新采纳强度的中介效应模型

考虑到这是一种中介效应模型。参考中介效应模型依次检验法中的自变量→因变量，自变量→中介变量以及自变量、中介变量、因变量的步骤，可以建立如下三部分假设。

1. 家族控制与非连续创新采纳强度

参考依次检验法，在分析自变量→因变量的关系中，不用考虑中介变量的影响，因而在分析本假设家族控制与非连续创新采纳强度关系时，不用考虑中介变量内部制度因素的影响。所以，本步骤的理论分析和上面 P1 - 1 的理论假设分析是一样的。

在前面 P1 - 1 的假设中，总结来说，我们做出了如下的分析：在中国环境下，上市家族企业追求保留现有的财富和家族的传承，而非连续创新所需要的大量投入以及潜在收益的不确定性将会对企业现有的财富造成损害，同时非连续创新所造成的企业内部的不稳定性也将潜在危害家族的传承，所以，随着家族控制的增强，中国上市家族企业倾向于抵制非连续创新，降低在非连续创新采纳上的投入，降低非连续创新的采纳强度。

因此，本书在本步骤提出如下假设：

假设 P2 - 1：上市家族企业家族控制越强，企业非连续创新采纳强度越低。

2. 家族控制与企业的内部制度因素

在前面的章节中我们提到，企业的内部制度因素包括管制和规范要素，对应的分别是正式的管制因素和非正式的规范因素。企业内部的正式化水平属于内部制度因素中的管制因素，而企业内部的政治阻力则属于内部制度因素中的规范因素。

国外的学者对于家族控制和家族企业内部诸如正式化和政治阻力等内部制度因素的关系有一些研究。König、Kammerlander 和 Enders（2013）认为，家族因素的不同将会影响企业内部的正式化的程度，家族企业随着家族控制因素的增强，由于家族传承的需要，将会更加重视企业长期的发展目标（Miller and Le Breton-Miller，2005），即使这种长期的发展目标短期产生不了什么效益，家族企业这种对于长期目标的追求，将会使得家族企业有可能追寻一些在企业内部高度制度化的条件下无法获得通过的目标，比如凭靠直觉感知的项目等，这反过来会降低家族企业内部的正式化或制度化的水平。

Gómez-Mejía 等（2007）也指出，家族控制使得家族企业倾向于维持独立性，这将使得家族企业可能会聚焦一些由于外部资本的介入所无法关注的目标。

Gómez-Mejía 等（2001）指出家族企业内部的联系纽带相较于公众企业更加紧密，这种情感上紧密的联系将会降低家族企业内部的正式化或制度化的水平。Carney（2005）也指出，家族企业这种基于信任基础上的内部关系不同于其他公司基于合同基础上的关系，家族企业内部的正式化或制度化水平将可能受到削弱。

Bower 和 Gilbert（2006）指出，家族企业内部追求长期发展目标的趋势将降低企业内部在非连续创新选择上的政治阻力等内部规范方面的因素，而随着家族企业内部家族控制等影响因素的增强，家族企业内部的中层管理人员出于对企业的情感和责任，更加能够接受非连续创新，企业内部在非连续创新采纳上的政治阻力等规范因素将会降低。König、Kammerlander 和 Enders（2013）也指出，家族企业内部组织成员对于非连续创新的政治上的抵触将会随着家族控制水平的变化而发生变化。

Gómez-Mejía 等在 2001 年也指出，家族企业内部随着家族控制的增强，企业决策者在企业内部的影响力也将增强，企业内部的执行效率也得到提高，一旦企业做出了非连续创新的决定，由于家族企业决策者在企业内部强大的影响力，企业内部在非连续创新采纳上所遇到的内部政治阻力等规范因素将会降低。

以上描述的是国外学者基于国外成熟的企业环境所描述的家族控制和内部制度因素的潜在关系，在中国的环境下，这种状况有所不同。

在中国环境下，家族企业由于成立时间都比较短，企业内部的管理普遍都不太规范，这种不规范一方面体现在企业内部制度缺乏，管制不规范；另一方面体现在企业内部任人唯亲，企业家多一言堂。总体来看，在家族企业的早期，企业的内部制度因素较弱，企业存在诸多不规范的地方。而随着家族企业的上市，由于公众公司的管理制度和规范性要求以及证监会和广大股东的监督作用，企业也变得越来越规范，这种规范体现在企业的内部制度越来越健全，企业内部的规范性的因素也越来越强。

前面我们也提到，中国的家族企业和国外的家族企业较大不同的情况是，中国的家族企业一开始的外部环境就竞争非常激烈，企业在这种环境下脱颖而出，甚至上市，一定需要企业家具有非常进取的精神和超人的胆魄，而国外的家族企业普遍都存在很长时间了，面对的内外部环境非常稳定，家族企业的经营者普遍经营风格稳健保守。中国的家族企业在上市以后，企业内部的制度环境水平有较大的提高，但是由于企业成立时间普遍都比较短，企业内部制度因素方面改善的空间还比较大。中国的家族企业上市都花费了不小的代价，企业上市以后，企业家有强烈的意愿让企业经营得更加的规范，企业内部的制度化水平更加的完善。随着家族在企业中的控制权比例越高，家族对企业的控制力也越强，企业在内部制度化上的建设可能更到位，企业内部的制度可能更加完善和细致，企业内部的规范也可能越强，企业的层级可能越多，相应的管理层和高管人数也可能越多。

在家族控制和企业内部制度因素的影响上，中外家族企业有较大的不同，造成差异的原因可能来自中外家族企业所处的阶段不同以及中外家族企业的进取精神不同。中国家族企业由于普遍成立时间比较短，所以内部制度环境改变的空间也比较大，而国外的家族企业普遍成立时间都比较长，内部制度环境已经比较成熟，而且国外家族企业面临的外部环境也比较成熟和规范；同时，中国的家族企业家普遍都比较进取，更愿意做出改变和提高。所以，中国和国外的家族企业随着家族控制的增强，对于内部制度因素的反映可能会有较大的不同。

综上所述，本步骤提出如下假设：

假设 P2－2：上市家族企业家族控制越强，企业内部制度因素越强。

3. 企业的内部制度因素与非连续创新采纳强度

在前面的章节中我们提到，企业的内部制度因素包括管制和规范要素，对应的分别是正式的管制因素和非正式的规范因素。企业内部的正式化水平属于内部制度因素中的管制的因素，而企业内部的政治阻力则属于内部制度因素中的规范因素。

国外的学者对于家族企业内部制度因素与非连续创新的采纳有一些的研究。Hannan 和 Freeman（1984）指出，企业内部的正式化程度对非连续创新的采纳构成了结构性的阻碍，企业内部的程序化的规章和制度往往使得企业忽视或者低估非连续创新的影响。Feldman 和 Pentland（2003）也指出，企业内部的正式化所形成的官僚体制会降低企业采纳非连续创新的决策速度，同时制约在非连续创新采纳上投入的资源。

Hannan 和 Freeman（1977）指出，由于企业的非连续创新打破了企业内部的政治平衡，企业内部并不是对所有人都受益于非连续创新，那些在非连续创新中利益受损的群体有倾向于打破原有的平衡阻碍非连续创新，这些人便形成了非连续创新采纳的政治阻力。

在中国环境下，本书认为，上述分析的情况可能不尽适用。中国上市家族企业普遍都是最近十年或二十年成立的，并不存在经营时间特别长的公司，企业在上市之前的内部制度因素普遍都很弱，这表现在其内部制度缺乏以及企业家一言堂。随着家族企业的上市，企业的内部制度得到了有效的完善，企业内部的运作机制也更加的规范，企业内部的分工可能更加的细致，高管数量和层级也开始增多。由于中国家族企业普遍都比较年轻，企业内部制度因素增强所引起的等级森严、官僚僵化以及内部利益派系众多等弱点在中国上市家族企业中表现得并不明显，反而随着内部制度因素的规范，企业的管理水平得到提升，企业内部的执行力和效率得到提高；同时中国家族企业相较于国外的家族企业，外部环境更加多变，竞争更加激烈，中国家族企业的领导人具有更加进取的企业家精神，这两方面的因素使得随着中国家族企业内部制度因素的增强，企业越愿意采纳非连续创新，在非连续创新采纳上的投入可能越多，企业的非连续创新采纳强度可能越高。

综上所述，在本步骤，本书提出如下假设：

假设 P2－3：上市家族企业内部制度因素越强，企业非连续创新采纳强度越高。

4. 企业所在区域和规模在中介效应模型中的调节作用

考虑到企业所在区域的发达程度不同，或者企业的规模大小不同，会影响家族做出非连续创新采纳的选择，因此将企业所在区域和企业规模作为调节变量，调节对自变量家族控制的作用机制。

中国上市家族企业规模越大，企业内部的组织结构可能越复杂，层级可能越多，企业内部存在的政治阻力可能越大，由于实行非连续创新而可能影响的内部利益团体可能越难以协调。并且，随着企业规模的增大，企业内部的惰性也在逐渐增强，企业越倾向于保持经营的稳定，避免引起大的调整。这些都不利于非连续创新的采纳，企业在非连续创新采纳上的投入可能越小，企业的非连续创新采纳强度可能越低。

假设 P2－4：上市家族企业规模越大，企业非连续创新采纳强度越低。

企业所处的区域越发达，家族企业的决策部门思维可能越活跃，越愿意接受新的模式。同时，随着企业所处区域的发达程度的提高，企业外部的新的选择机会也越多，潜在的全新的业务也可能越多，企业有更多的可能做出非连续创新的选择。这些都有利于企业采纳非连续创新，企业在非连续创新采纳上的投入可能更高，企业的非连续创新采纳强度也可能更高。

假设 P2－5：上市家族企业所在区域越发达，企业非连续创新采纳强度越高。

企业规模越大，为了支撑企业的规模和有效管理企业，企业需要制度上的保障，企业的内部制度可能越细致和规范；同时，规模越大的企业内部的层级结构可能越多，企业内部的利益群体可能越多，非正式的规范因素也可能越强。

因此，企业规模越大，企业的内部制度因素可能越强。

假设 P2－6：上市家族企业规模越大，企业内部制度因素越强。

企业所处的区域越发达，区域的经济程度越高，区域企业的整体制度环境水平可能越高，受到外部其他企业的影响，上市家族企业的内部制度因素也可能越强。

假设 P2－7：上市家族企业所在区域越发达，企业内部制度因素越强。

5. 家族控制与内部制度因素和非连续创新采纳的中介效应模型

在前面的分析中，我们做出了如下的假设：

假设 P2－1：上市家族企业家族控制越强，企业非连续创新采纳强度越低。

假设 P2－2：上市家族企业家族控制越强，企业内部制度因素越强。

假设 P2－3：上市家族企业内部制度因素越强，企业非连续创新采纳强度越高。

由上述假设可以推断出以下关系：自变量家族控制和因变量非连续创新采纳强度是负相关关系，在加入了中介变量内部制度因素之后，中介变量内部制度因素弱化了自变量家族控制对因变量非连续创新采纳强度之间的负相关关系。

理论上的分析如下：

在前面假设 P2－1 的分析中我们提到，在中国环境下，随着家族控制的增强，上市家族企业由于对家族现有财富的重视和家族传承的追求，而倾向于抵制非连续创新的采纳，降低在非连续创新采纳上的投入。但是，在内部制度因素中介作用机制下，首先，中国家族企业普遍成立时间比较短，所以内部制度因素改变的空间也比较大，企业上市之前内部制度因素都很薄弱，由于中国家族企业相较于国外家族企业具有明显更加进取的企业家精神，企业在上市之后，中国的家族企业领导者具有强烈的意愿让企业经营得更加规范，企业内部的制度化水平更高。随着家族控制的增强，家族对企业的控制力也在加强，企业内部的制度可能更加完善和细致，企业的层级可能越多，企业内部的规范也可能越强，企业的内部制度因素越强。其次，由于中国家族企业普遍比较年轻，企业内部制度因素加强所引起的等级森严、官僚僵化以及内部利益派系众多等弱点在中国上市家族企业中表现得并不明显，反而随着内部制度因素的规范，企业的管理水平得到提升，企业内部的执行力和效率得到提高，同时中国家族企业具有更加进取的企业家精神，这两方面的因素导致随着中国家族企业内部制度因素的增强，企业越愿意采纳非连续创新，在非连续创新采纳上的投入可能越多，企业的非连续创新采纳强度可能越高。

所以，对于中国上市家族企业来说，在非连续创新的采纳上形成了一个两难的困境：一方面，随着家族控制的增强，家族追求更多地保存现有的财富和更好地进行家族传承，这将限制家族企业在非连续创新上的采纳和投入，从而降低了非连续创新的采纳强度；另一方面，随着家族控制的增强，家族的内部制度因素愈发加强，而随着这种内部制度因素的增强，在中国环境下，在更加进取的家族企业家的带领下，有更高的执行效率，企业可能更愿意采纳非连续创新，投入也更大，非连续创新采纳强度也更高。在非连续创新的采纳上和投入上，家族企业将不得不在这种两难的境地下做出平衡。

从上面的分析可以看出，家族控制与内部制度因素和非连续创新采纳强度之间是一种中介效应，而且是不完全中介效应，即一方面，家族控制可以直接对企业的非连续创新采纳强度发生负向的作用机制，同时另一方面，家族控制也可以通过内部制度因素的中介效应对非连续创新的采纳强度发生正向的作用机制，家族企业的决策者将不得不在这种两难的境地下做出平衡。

综上所述，本书提出本部分的总体假设如下：

假设 P2：中国上市家族企业内部制度因素弱化了家族控制对企业非连续创新采纳强度的负相关关系（不完全中介效应）。

家族控制与内部制度因素和非连续创新采纳强度的中介效应模型如下所示：

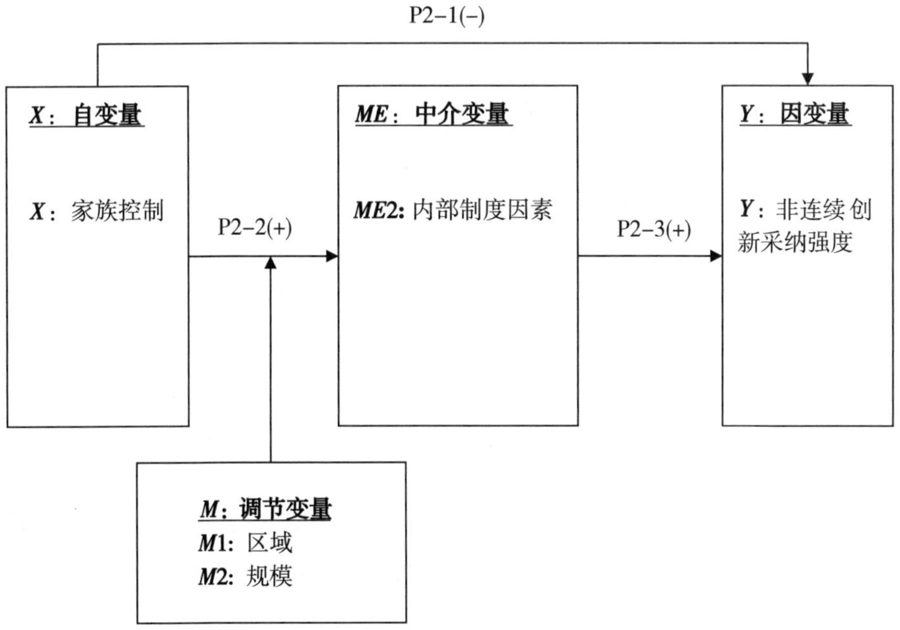

图 6－5　家族控制与内部制度因素和非连续创新采纳强度的中介效应模型

家族控制与文化—认知因素和非连续创新采纳强度的中介效应模型

考虑到这是一种中介效应模型。参考中介效应模型依次检验法中的自变量

→因变量，自变量→中介变量以及自变量、中介变量、因变量的步骤，可以建立如下三部分假设。

1. 家族控制与非连续创新采纳强度

参考依次检验法，在分析自变量→因变量的关系中，不用考虑中介变量的影响，因而在分析本假设家族控制与非连续创新采纳强度关系时，不用考虑中介变量文化—认知因素的影响。所以，本步骤的理论分析和前面 P1 -1 的理论假设分析是一样的。

总结来说，在前面 P1 -1 的假设中，我们做出了如下的分析：在中国环境下，上市家族企业追求保留现有的财富和家族的传承，而非连续创新所需要的大量投入以及潜在收益的不确定性将会对企业现有的财富造成损害，同时非连续创新所造成的企业内部的不稳定性也将潜在危害家族的传承，所以，随着家族控制的增强，中国上市家族企业倾向于抵制非连续创新，降低在非连续创新采纳上的投入，降低非连续创新的采纳强度。

因此，本书在本步骤提出如下假设：

假设 P3 -1：上市家族企业家族控制越强，企业非连续创新采纳强度越低。

2. 家族控制与企业的文化—认知因素

我们在前面章节的讨论中提到，企业内部的文化—认知系统包含了企业中的文化和个体的认知对企业行为的影响，强调了共同认知与理解的框架，对企业与行动者的建构具有重要的作用。文化—认知要素作为企业中成员或组织的深层次的要素，处于基础的地位，企业中规则或准则的建立依赖于此，同时企业内部的行为，如战略决策或创新选择等，也必然受到这一要素的关键影响，而且这一要素对企业行为的影响，也更为顽固和难以变化。企业内部对现存资产的情感纽带作为企业内部成员认知的一部分，属于企业制度因素中的文化—认知因素；企业内部刻板的思维模式同样作为企业内部成员认知的一部分，也属于企业制度因素中的文化—认知因素。

国外学者对于家族和企业内部的文化—认知因素的关系有一些研究。Miller 和 Le Breton-Miller（2005）指出，家族企业的高管和企业对现有资源如内部的员工以及外部的环境有更加紧密的认知和联系，当家族企业面对非连续创新需要做出改变时，家族企业高管倾向于不伤害这种紧密的联系纽带而抵制非连续创新。Berrone 等（2010）也指出，相较于公众的企业，家族企业内部的高管在企业内部有更强的认可和更紧密的联系，他们不愿意损害自己在企业内部朋友或熟人心目中的威望，从而不愿意对企业做出大的改变。

Berrone 等（2010）和 Cruz、Gómez-Mejía 和 Becerra（2010）指出，随着家族企业内部家族控制的增强，由于维持企业传承和延续性的原因，家族企业内部高管团队的任期得到延长，而这种长时间的任期将使得企业内部高管的认知倾向于统一，思维模式也倾向于僵化并维持现状。König、Kammerlander 和 Enders（2013）也指出，随着家族影响的增加，家族企业内部的思维模式可能越来越僵化和顽固。Sirmon 和 Hitt（2003）进一步指出，随着家族企业内部家族控制的增强，企业高管团队的认知变得越来越同质化，而这种同质化将固化思维和倾向于维持现状。Miller 和 Le Breton-Miller（2006）认为，随着家族内部影响的增强，家族企业内部的认可和凝聚力也在进一步的提升，家族企业更加倾向于保留企业内部底层员工，而不愿意用新的不同训练的员工来替代，这将限制家族企业内部对新的事物的认识。

可以看出，国外学者认为，随着家族企业中家族控制的增强，企业内部的认知更加统一，企业的凝聚力也更强，企业内部的同质化也更明显，而企业内部的文化—认知因素也在增强。

中国在文化传统上是一个以家庭为单位的文化，家庭在中国文化中占据了核心的地位，因而在家族控制与文化—认知因素的关系上，中外家族企业有着相似的影响关系，甚至可能中国的家族企业表现得更为明显。在中国环境下，家族在企业中的控制权比例越高，家族对企业的控制力也越强，企业内部的凝聚力和员工认可也越强，企业内部的情感纽带可能更紧密，企业内部的思维模式也可能更同质化和固化，企业内部的文化—认知因素也可能越强。

因此，在本步骤提出如下假设：

假设 P3 -2：上市家族企业家族控制越强，企业文化—认知因素越强。

3. 企业内部的文化—认知因素与非连续创新采纳强度

国外学者对于企业内部的文化—认知因素与非连续创新采纳的关系有一些研究。企业内部的文化—认知因素处于企业内部环境因素的底层，对于企业的决策行为有着更为核心的作用，也更难以改变。Burgelman 和 Grove（1996）、Sydow（2009）指出，企业的决策行为受制于企业对现有的有形或无形资源的认可或情感纽带。König、Kammerlander 和 Enders（2013）进一步指出，企业对现存资产的这种认可或情感纽带越强烈，在做出非连续创新采纳时会越痛苦，因为企业非连续创新采纳往往意味着企业需要重新配置资源，改变内部的组织架构。

Kaplan 和 Tripsas（2008）认为，组织的适应性建立在组织中个人和组织的认知基础上。Kaplan（2008）指出，组织的选择行为很大程度上归因于组织中成员思维认知模式的僵化或者灵活。Nelson 和 Winter（1982）进一步指出，相对固化的认知思维模式往往使得企业决策者固化自己的认知，聚焦在局部的进展上，这往往导致企业决策者从自己狭隘的思维模式上去理解非连续创新的变化（Barr et al.，1992）。König、Kammerlander 和 Enders（2013）认为，企业内部做出变化的速度和程度很大程度上取决于企业相关人员的思维认知模式的开放性和灵活度。Barr（1992）也指出，组织内部相关人员思维认知模式越灵活，组织越容易适应环境的剧烈变化。

中国环境下家族企业内部文化—认知因素和非连续创新采纳的关系和国外环境下有所不同。在中国环境下，随着家族企业内部文化—认知因素的增强、企业组织内部对企业的认可也越强，企业内部的凝聚力也更强。由于中国的家族企业普遍成立时间都比较短，相较于国外家族企业，国内家族企业更为年轻，更为进取，行动力也更为迅速，外界环境变化的压力也更大。在中国环境下，虽然也存在随着企业文化—认知因素的增强、企业内部的情感联系纽带更紧密和内部更加同质化，这些会阻碍企业变革和非连续创新采纳，但是，由于中国竞争更为激烈的外部环境、更加年轻和思维灵活的管理层以及更为进取的企业家精神和企业文化，阻碍变革的因素让位于企业内部更强的执行力和更加积极、进取的因素，使得随着企业内部文化—认知因素增强，企业内部执行力更强，更愿意做出非连续创新变革，企业在非连续创新上的投入可能越大，企业的非连续创新采纳强度可能越高。

因此，在本步骤，本书提出如下假设：

假设 P3 -3：上市家族企业文化—认知因素越强，企业非连续创新采纳强度越高。

4. 企业所在区域和规模在中介效应模型中的调节作用

考虑到企业所在区域发达程度的不同，或者企业规模大小的不同会影响家族做出非连续创新采纳的选择，因此将企业所在区域和企业规模作为调节变量，调节对自变量家族控制的作用机制。

中国上市家族企业规模越大，企业内部的组织结构可能越复杂，层级可能越多，企业内部存在的政治阻力可能越大，由于实行非连续创新而可能影响的内部利益团体可能越难以协调。并且，随着企业规模的增大，企业内部的惰性也在逐渐增强，企业越倾向于保持经营的稳定，避免引起大的调整。这些都不利于非连续创新的采纳，企业在非连续创新采纳上的投入可能越小，企业的非连续创新采纳强度可能越低。

假设 P3 - 4：上市家族企业规模越大，企业非连续创新采纳强度越低。

企业所处的区域越发达，家族企业的决策部门思维可能越活跃，越愿意接受新的模式。同时，随着企业所处区域的发达程度的提高，企业外部的新的选择机会也越多，潜在的全新的业务也可能越多，企业有更多的可能做出非连续创新的选择。这些都有利于企业采纳非连续创新，企业在非连续创新采纳上的投入可能更高，企业的非连续创新采纳强度也可能更高。

假设 P3 - 5：上市家族企业所在区域越发达，企业非连续创新采纳强度越高。

企业所在区域越发达，对于企业内部员工来说，所在区域可能潜在的外部选择机会和诱惑越多，这将会影响企业内部员工对企业的认可，企业内部的文化—认知可能会受到削弱，企业内部的文化—认知因素越弱。

假设 P3 - 6：上市家族企业所在区域越发达，企业的文化—认知因素越弱。

企业规模越大，企业内部的人员可能越多，企业内部的人员可能越多样，企业内部的文化—认知可能越难，企业内部的文化—认知因素可能越弱。

假设 P3 - 7：上市家族企业规模越大，企业的文化—认知因素越弱。

5. 家族控制与文化—认知因素和非连续创新采纳强度的中介效应模型

在前面的分析中，我们做出了如下的假设：

假设 P3 - 1：上市家族企业家族控制越强，企业非连续创新采纳强度越低。

假设 P3 - 2：上市家族企业家族控制越强，企业文化—认知因素越强。

假设 P3 - 3：上市家族企业文化—认知因素越强，企业非连续创新采纳强度越高。

由上述假设可以推断出以下关系：自变量家族控制和因变量非连续创新采纳强度是负相关关系，在加入了中介变量文化—认知因素之后，中介变量文化—认知因素弱化了自变量家族控制对因变量非连续创新采纳强度之间的负相关关系。

理论上的分析如下：

在前面假设 P3 - 1 的分析中我们提到，在中国环境下，随着家族控制的增强，上市家族企业由于对家族现有财富的重视和对家族传承的追求，而倾向于抵制非连续创新的采纳，降低在非连续创新采纳上的投入。但是，在文化—认知因素中介作用机制下，首先，中国在文化传统上是一个以家庭为单位的文化，在中国环境下，随着家族控制的增强，家族对企业的控制力也越强，企业内部的凝聚力和员工认可也越强，企业内部的情感纽带可能更紧密，企业内部的思维模式也可能更同质化和固化，企业内部的文化—认知因素也越强。其次，由于中国环境下所具有的激烈的外部竞争环境、更加年轻和思维灵活的管理层以及更为进取的企业家精神和企业文化，企业内部文化—认知因素的增强所导致的阻碍变革的因素让位于企业内部更强的执行力和更加积极和进取的因素，使得随着企业内部文化—认知因素增强，企业内部执行力更强，更愿意做出非连续创新变革，企业在非连续创新上的投入可能越大，企业的非连续创新采纳强度可能越高。

所以，对于中国上市家族企业来说，在非连续创新的采纳上形成了一个两难的困境：一方面，随着家族控制的增强，家族追求更多地保存现有的财富和更好地进行家族传承，这将限制家族企业在非连续创新上的采纳和投入，从而降低了非连续创新的采纳强度；另一方面，随着家族控制的增强，家族内部的文化—认知因素愈发加强，而随着这种内部文化—认知因素的增强，在中国环境下，企业内部的执行力更强，在更加年轻和进取的企业家带领下，中国家族企业更愿意采纳非连续创新，投入也更大，非连续创新采纳强度也更高。这样，在非连续创新的采纳上和投入上，家族企业将不得不在这种两难的境地下做出平衡。

从上面的分析可以看出，家族控制与文化—认知因素和非连续创新采纳强度之间是一种中介效应，而且是不完全中介效应，即一方面，家族控制可以直接对企业的非连续创新采纳强度发生负向的作用机制，同时另一方面，家族控制也可以通过文化—认知因素的中介效应对非连续创新的采纳强度发生正向的作用机制，家族企业的决策者将不得不在这种两难的境地下做出平衡。

综上所述，本书提出本部分的总体假设如下：

假设 P3：上市家族企业文化—认知因素弱化了家族控制对企业非连续创新采纳强度的负相关关系（不完全中介效应）。

家族控制与文化—认知因素和非连续创新采纳强度的中介效应模型如下图所示：

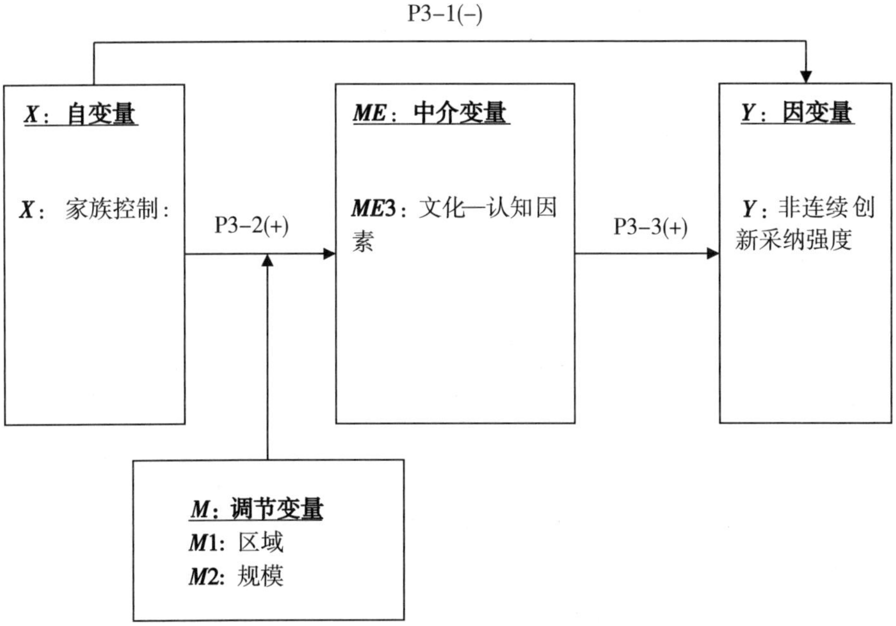

图 6-6　家族控制与文化—认知因素和非连续创新采纳强度的中介效应模型

家族控制与外部资源依赖因素、内部制度因素、文化—认知因素和非连续创新采纳强度的中介效应模型

将前面所有的理论假设归纳如下表所示：

表 6-1　理论假设表

假设	描述
P1	上市家族企业对外部资源的依赖弱化了家族控制对非连续创新采纳强度的负相关关系（不完全中介效应）
P1-1	上市家族企业家族控制越强，企业非连续创新采纳强度越低
P1-2	上市家族企业家族控制越强，企业的外部资源依赖因素越强
P1-3	上市家族企业外部资源依赖因素越强，企业非连续创新采纳强度越高
P1-4	上市家族企业规模越大，企业非连续创新采纳强度越低
P1-5	上市家族企业所在区域越发达，企业非连续创新采纳强度越高
P1-6	上市家族企业区域越发达，企业对外部资源的依赖越强

（续表）

假设	描述
P1 - 7	上市家族企业规模越大，企业对外部资源的依赖越弱
P2	上市家族企业内部制度因素弱化了家族控制对非连续创新采纳强度的负相关关系（不完全中介效应）
P2 - 1	上市家族企业家族控制越强，企业非连续创新采纳强度越低
P2 - 2	上市家族企业家族控制越强，企业内部制度因素越强
P2 - 3	上市家族企业内部制度因素越强，企业非连续创新采纳强度越高
P2 - 4	上市家族企业规模越大，企业非连续创新采纳强度越低
P2 - 5	上市家族企业所在区域越发达，企业非连续创新采纳强度越高
P2 - 6	上市家族企业规模越大，企业内部制度因素越强
P2 - 7	上市家族企业所在区域越发达，企业内部制度因素越强
P3	上市家族企业文化—认知因素弱化了家族控制对企业非连续创新采纳强度的负相关关系（不完全中介效应）
P3 - 1	上市家族企业家族控制越强，企业非连续创新采纳强度越低
P3 - 2	上市家族企业家族控制越强，企业文化—认知因素越强
P3 - 3	上市家族企业文化—认知因素越强，企业非连续创新采纳强度越高
P3 - 4	上市家族企业规模越大，企业非连续创新采纳强度越低
P3 - 5	上市家族企业所在区域越发达，企业非连续创新采纳强度越高
P3 - 6	上市家族企业所在区域越发达，企业的文化—认知因素越弱
P3 - 7	上市家族企业规模越大，企业的文化—认知因素越弱

从前述的分析可知，对于中国上市家族企业来说，在非连续创新的采纳和投入上形成了一个两难的困境：一方面，随着家族控制的增强，家族追求更多地保存现有的财富和更好地进行家族传承，这将限制家族企业在非连续创新上的采纳和投入，从而降低了非连续创新的采纳强度；另一方面，随着家族控制的增强，由于三个中介变量外部资源依赖因素、内部制度因素和文化—认知因素的中介效应作用机制，家族又倾向于更多地采纳非连续创新和更大地投入，增加非连续创新的采纳强度。这样，在非连续创新的采纳和投入上，家族企业将不得不在这种两难的境地下做出平衡。

将前述理论分析中的三个中介效应模型合在一起，就构成了完整的家族控制与外部资源依赖因素、内部制度因素、文化—认知因素和非连续创新采纳强度的中介效应模型。从前述的理论分析中我们知道，这是一个中介效应的模型，而且是一个不全中介效应的模型，即中国上市家族企业对外部资源的依赖、内部制度因素和文化—认知因素弱化了家族控制对企业非连续创新采纳强度的负相关关系（不完全中介效应）。具体来说，一方面，家族控制可以直接对企业的非连续创新采纳强度发生负向的作用机制，同时另一方面，家族控制也可以通过外部资源依赖因素、内部制度因素和文化—认知因素的中介效应对非连续创新的采纳强度发生正向的作用机制，家族企业的决策者将不得不在这种两难的境地下做出平衡。

家族控制与外部资源依赖因素、内部制度因素、文化—认知因素和非连续创新采纳强度的中介效应模型如下图所示：

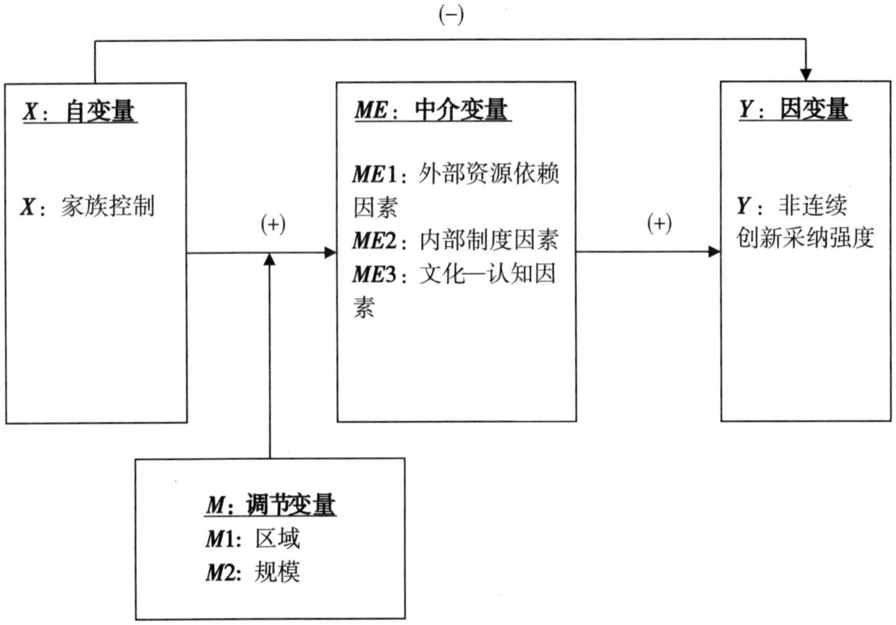

图 6－7　家族控制与外部资源依赖因素、内部制度因素、文化—认知因素和非连续创新采纳强度的中介效应模型

中国与外国环境下的家族企业非连续创新采纳影响机制差异

在本章的理论分析中我们知道，西方的学者们通过理论分析，得到了关于家族对企业非连续创新采纳的如下理论推断：

（1）家族减弱了企业对外部资本的依赖。

（2）家族减弱了企业的正式化程度和政治阻力。

（3）家族增强了企业的对现存资产的情感纽带和刻板的思维方式。

（4）企业对外部资本的依赖减弱了企业对非连续创新的采纳。

（5）企业的正式化程度和政治阻力减弱了企业对非连续创新的采纳。

（6）企业对现存资产的情感纽带和刻板的思维方式减弱了企业对非连续创新的采纳。

在本章的理论分析部分，我们分析了中国环境下的家族控制通过三个中介变量外部资源依赖因素、内部制度因素和文化—认知因素对非连续创新采纳强度的作用机制，主要得到了如下的理论推导：

假设 P1－1：上市家族企业家族控制越强，企业非连续创新采纳强度越低。

假设 P1－2：上市家族企业家族控制越强，企业的外部资源依赖因素越强。

假设 P1－3：上市家族企业外部资源依赖因素越强，企业非连续创新采纳强度越高。

假设 P2－1：上市家族企业家族控制越强，企业非连续创新采纳强度越低。

假设 P2－2：上市家族企业家族控制越强，企业内部制度因素越强。

假设 P2－3：上市家族企业内部制度因素越强，企业非连续创新采纳强度越高。

假设 P3－1：上市家族企业家族控制越强，企业非连续创新采纳强度越低。

假设 P3－2：上市家族企业家族控制越强，企业文化—认知因素越强。

假设 P3－3：上市家族企业文化—认知因素越强，企业非连续创新采纳强度越高。

可以看出，中国环境下的家族对企业非连续创新采纳的作用机制和国外成熟环境下相比，存在较大的差异，具体的差异我们在前面分析中国环境下的理论模型时已经分别有了详尽的阐述。

总结来说，产生中国和国外环境下家族对企业非连续创新采纳的作用机制之间如此大差异的原因可能主要来自以下三个方面：其一，中国的家族企业普遍成立时间都比较短，企业所处的生命周期的阶段相对比较早期，企业更为年轻和更有活力，企业内部的文化也更为的进取，管理层的思维也更加的灵活，企业内部的制度因素改变的空间还比较大，企业内部的等级森严、官僚僵化、内部利益派系众多等弱点表现的并不明显；与之相比较，国外家族企业普遍成立时间都很长，很多已经传承了几代了，企业的文化相对保守，企业内部思维普遍僵化和保守，管理层的思维也普遍偏保守，企业内部的制度因素已经非常成熟和稳定了，企业内部普遍等级森严、官僚僵化、内部利益派系众多。其二，中国和国外家族企业领导者的企业家精神有很大的差别，中国的家族企业一开始的外部环境就竞争非常激烈，企业在这种环境下脱颖而出甚至上市，一定需要企业家具有非常进取的精神和超人的胆魄；而国外的家族企业普遍都存在很长时间了，当前的内外部环境非常稳定，家族企业的经营者普遍经营风格稳健保守，缺乏变革的精神。其三，当前中国是个转型升级急剧变革的社会，中国的家族企业所面临的外部环境非常多变，企业在这种环境下生存需要很强的适应能力和应变能力，同时也需要经常做出较大或根本性的变革；而国外的家族企业所面临的外部环境普遍比较成熟稳定，企业比较安于现状，缺乏变革的动力。

正是由于这种中外家族企业所面临的内外环境的巨大差异，造成了中、外家族企业在非连续创新采纳的作用机制上的较大的差异。

小结

本章对中国环境下家族企业非连续创新采纳的影响机制做了深入的理论探讨。

首先界定了本书的研究范围并探讨了因何选择家族控制和非连续创新采纳强度分别作为本书研究的自变量和因变量。

接下来，在总结国外对家族企业非连续创新采纳影响机制理论分析的基础上，结合制度理论和资源依赖理论，从企业环境的视角，提出了上市家族企业非连续创新采纳的影响机制模型。然后，在中国环境下，对这一模型进行了深入的理论分析，并做出了若干中国环境下的理论假设，建立了中国环境下的上市家族企业非连续创新采纳强度的影响机制模型，得到了如下的结论：中国上市家族企业外部资源依赖因素、内部制度因素和文化—认知因素弱化了家族控制对企业非连续创新采纳强度的负相关关系（不完全中介效应），具体来说，一方面，家族控制可以直接对企业的非连续创新采纳强度发生负向的作用机制，另一方面，家族控制也可以通过外部资源依赖因素、内部制度因素和文化—认知因素的中介效应对非连续创新的采纳强度发生正向的作用机制。这样，家族企业的决策者在非连续创新的采纳上将不得不面临这样一种两难的境地。

最后，本书分析了家族在中、外家族企业中不同的非连续创新采纳影响机制及其原因，这种作用机制的差异主要来自中国家族企业更短的成立时间、内部改变的空间更大、更为进取的企业文化以及更加进取的企业家精神和外部更加多变的环境。

第7章 中国上市家族企业非连续创新采纳强度影响机制的实证检验

下面将探讨如何进行实证检验设计，来验证前述的中国上市家族企业非连续创新采纳强度影响机制理论模型。

主要理论假设

根据前述理论分析，家族控制与外部资源依赖因素、内部制度因素、文化—认知因素构成了完整的企业非连续创新采纳强度的中介效应模型。分别对应三个中介效应模型，分别是：家族控制与外部资源依赖因素和非连续创新采纳强度的中介效应模型、家族控制与内部制度因素和非连续创新采纳强度的中介效应模型以及家族控制与文化—认知因素和非连续创新采纳强度的中介效应模型。

根据前面的理论分析，这三个中介效应模型，对应了三个主要假设和二十一个小的假设，具体如下：

表7-1 理论假设表

假设	描述
P1	上市家族企业对外部资源的依赖弱化了家族控制对非连续创新采纳强度的负相关关系（不完全中介效应）
P1-1	上市家族企业家族控制越强，企业非连续创新采纳强度越低
P1-2	上市家族企业家族控制越强，企业的外部资源依赖因素越强
P1-3	上市家族企业外部资源依赖因素越强，企业非连续创新采纳强度越高
P1-4	上市家族企业规模越大，企业非连续创新采纳强度越低
P1-5	上市家族企业所在区域越发达，企业非连续创新采纳强度越高

（续表）

假设	描述
P1 -6	上市家族企业区域越发达，企业对外部资源的依赖越强
P1 -7	上市家族企业规模越大，企业对外部资源的依赖越弱
P2	上市家族企业内部制度因素弱化了家族控制对非连续创新采纳强度的负相关关系（不完全中介效应）
P2 -1	上市家族企业家族控制越强，企业非连续创新采纳强度越低
P2 -2	上市家族企业家族控制越强，企业内部制度因素越强
P2 -3	上市家族企业内部制度因素越强，企业非连续创新采纳强度越高
P2 -4	上市家族企业规模越大，企业非连续创新采纳强度越低
P2 -5	上市家族企业所在区域越发达，企业非连续创新采纳强度越高
P2 -6	上市家族企业规模越大，企业内部制度因素越强
P2 -7	上市家族企业所在区域越发达，企业内部制度因素越强
P3	上市家族企业文化—认知因素弱化了家族控制对企业非连续创新采纳强度的负相关关系（不完全中介效应）
P3 -1	上市家族企业家族控制越强，企业非连续创新采纳强度越低
P3 -2	上市家族企业家族控制越强，企业文化—认知因素越强
P3 -3	上市家族企业文化—认知因素越强，企业非连续创新采纳强度越高
P3 -4	上市家族企业规模越大，企业非连续创新采纳强度越低
P3 -5	上市家族企业所在区域越发达，企业非连续创新采纳强度越高
P3 -6	上市家族企业所在区域越发达，企业的文化—认知因素越弱
P3 -7	上市家族企业规模越大，企业的文化—认知因素越弱

下面考虑采用中国上市家族企业的数据来对假设进行验证。

研究对象的选择

在前面章节研究范围的界定中，我们提到将研究范围界定在中国上市家族企业非连续创新采纳强度的影响机制研究，同时选择中国上市家族企业作为研究对象。

选择中国上市家族企业作为研究对象是因为中国上市家族企业在中国家族

企业当中相对实力较强，更容易感受到环境的压力，潜在选择非连续创新的机会也更多。而且考虑到实证分析中需要获取有效的数据，而中国的上市公司样本数据库较为丰富，并且数据覆盖各个行业和区域，数据具有较为普遍的代表性，后面的数据收集也会更加容易，更有机会做实证方面的模型验证。

在本部分的实证检验中，我们将以中国上市家族企业作为研究和检验的对象。

在本书前面的章节中，我们对家族企业做了如下的界定：本书认定的家族企业为企业所有权或控制权归家族所有的企业。所有权强调，企业实际控制权属于某个以血缘、姻亲关系为联结的家族所有。

数据的来源和抽样方法

数据的来源

考虑到中国上市公司的数据库较为丰富，因此本研究设计采用中国上市家族企业的数据。具体来说，采用国泰安数据库（CSMAR）中的数据，具体包括国泰安数据库中的中国民营上市公司数据库（获得自变量、中介变量、调节变量和控制变量的数据）、中国上市公司财务报表附注数据库（获得因变量的数据）、中国上市公司治理结构研究数据库（获得中介变量的数据）、中国上市公司财务指标分析数据库（获得中介变量的数据）、中国上市公司首次公开发行研究数据库（获得中介变量的数据、控制变量的数据），以及《中国市场化指数——各地区市场化相对进程 2009 年报告》（获得调节变量的数据）。

数据的抽样方法

2008 年金融危机以来，国内外企业经营环境发生剧烈变化，特别是以互联网为代表的新经济对传统经济造成了巨大的冲击，国内外企业纷纷寻求转型。新经济在中国国民经济中的整体比重不断提高。国家提出了建设现代化经济体系的战略目标，转型将成为中国未来经济发展的主线。国家希望通过发展节能环保、新兴信息产业、生物产业、新能源、新能源汽车、高端装备制造业和新材料七大战略新兴产业来促进经济结构转型。为此中国政府制定了宏伟的目标：到 2015 年，战略性新兴产业形成健康发展、协调推进的基本格局，增加值占国内生产总值的比重达到 8% 左右；到 2020 年，战略性新兴产业的增加值占国内生产总值的比重达到 15% 左右；到 2030 年，战略性新兴产业的整体创新能力和产业发展水平达到世界先进水平，为经济社会可持续发展提供强有力的支撑。

可以发现，2008 年金融危机前后，企业面临的经营环境以及企业的经营行为有较大的不同。2008 年以前，中国经济还是以传统的制造业为主，企业也多从事制造业。2008 年以后，全世界范围内包括中国经济都面临经济结构调整和转型，许多企业也面临重大的转型。因此，本书以 2008 年为基准年份，采纳 2008—2012 年的上市公司数据作为研究样本。

本书除了遵循数据的全面性和可获得性外，还按照下述原则对国泰安数据库中的中国民营上市公司数据库样本进行进一步的筛选工作：

（1）为确保数据信息的完整性，将上市日期为 2008 年以后且存在数据缺失的上市公司予以剔除；

（2）由于金融行业企业的行业性质、主营业务等与一般企业不同，因此将金融行业的上市公司予以剔除；

（3）由于本书主要的研究对象是家族企业，因此将企业实际控制人不是自然人或家族的上市公司予以剔除；

（4）删除有不完整数据的企业：从数据库中剔除掉没有 2008—2012 年完整数据的企业。

最终获得 519 家中国上市家族企业数据，共 519 × 5 = 2595 个样本数据。

研究变量的选择

自变量的选择

本书中，我们将家族控制作为研究的自变量。

之所以将家族控制作为自变量，是因为家族控制对家族企业的决策以及创新的选择发展起到了关键的影响作用，家族企业对企业的经营、战略以及创新的影响正是通过家族对企业的控制权（家族控制）来实现的，家族企业的行为将体现家族的战略意图。家族对企业非连续创新采纳的影响作用也是通过家族对企业的控制（家族控制）实现的。在本书前面章节中，我们对家族控制对企业创新决策的这种关键影响作用作了描述，同时我们也界定了家族控制：家族控制可以通过家族在企业中的投票权或家族在企业中的控制权比例来测量。

在具体测量中，我们用家族在企业中的控制权比例来测量家族控制。在本研究设计中，在国泰安数据库中国民营上市公司数据库中，在经过前述的样本筛选后，采用实际控制人拥有上市公司控制权比例这一指标来测量。

因变量的选择

本书中，我们将非连续创新采纳强度作为因变量。

König、Kammerlander 和 Enders（2013）提出非连续创新采纳包括采纳的速度、投入的资源（强度和持续性）以及程序的灵活性。其中非连续创新采纳的速度（adoption speed）指的是企业接受非连续创新并将其作为战略选项的速度；非连续创新采纳的强度（adoption aggressiveness）即投入资源的强度，指的是企业每年在非连续技术开发上投入的资源；投入资源持续的时间（adoption stamina）指的是企业在非连续创新资源投入上持续的时间；程序的灵活性（adoption flexibility）指的是企业在非连续创新采纳过程中重新配置内部资源的程度。

本书之所以将非连续创新采纳强度作为因变量，是因为非连续创新采纳强度在非连续创新采纳所对应的四种状态（采纳速度、采纳强度、采纳持续时间、采纳灵活性）中相对最容易测量和获得数据。在前面的理论模型分析部分，我们也是基于因变量为非连续创新采纳强度做的理论假设和分析。

在前面的章节中，我们对非连续创新采纳强度做了详细的界定并提出了测量的方法。非连续创新采纳强度（adoption aggressiveness），也就是企业在非连续创新采纳中投入资源的强度，指的是企业每年在非连续技术开发上投入的资源（König et al.，2013）。非连续创新采纳强度代表了企业在非连续创新采纳上的投入，可以用企业无形资产栏目中，技术（发明专利/非专利技术/专有技术）的本期增加值来测量。在前面，我们也对非连续创新采纳强度做了详尽的分析，简要如下：企业的非连续创新来自企业在非连续技术创新上的投入不断的资本化，所以，企业在非连续创新上的投入可以用资本化后形成的非连续创新来衡量。在前面的分析中我们知道，企业无形资产栏目中，技术（发明专利/非专利技术/专有技术）的本期增加值代表了企业在非连续创新上所获得的新知识的程度，可以被用来测量企业的非连续创新，因而，企业非连续创新采纳强度也可以用无形资产栏目中技术（发明专利/非专利技术/专有技术）的本期增加值来测量。

本书研究设计中，在国泰安数据库中国上市公司财务报表附注数据库中，在经过前述的样本筛选后，采用无形资产中技术（发明专利/非专利技术/专有技术）的本期增加值作为非连续创新采纳强度的测量指标。

中介变量的选择

在前面的章节中，我们借鉴国外对非连续创新采纳的研究，结合制度理论和资源依赖理论，从企业环境的视角，提出了中国环境下上市家族企业非连续创新采纳强度的影响机制模型，随后详细探讨了在中国环境下，该模型的理论作用机制并提出了若干假设。

该模型将影响企业非连续创新采纳的中介因素归纳为外部资源依赖因素、内部制度因素以及文化—认知因素。这三种因素结合在一起，构成了影响企业应对环境挑战而选择采纳非连续创新的中介变量因素。其中，外部资源依赖因素主要指企业为获取所需与外部资源的交换；内部制度因素主要指企业内在的制度和规范的因素，反映了企业内在的管理制度以及行为规范；而文化—认知因素反映了企业组织内部个人的文化和认知方面的因素。

通过前面的分析我们知道，该中介效应模型表明中国上市家族企业外部资源依赖因素、内部制度因素和文化—认知因素弱化了家族控制对企业非连续创新采纳强度的负相关关系（不完全中介效应）。具体来说，一方面，家族控制可以直接对企业的非连续创新采纳强度发生负向的作用机制，另一方面，家族控制也可以通过外部资源依赖因素、内部制度因素和文化—认知因素的中介效应对非连续创新的采纳强度发生正向的作用机制。

在前面的章节中，本书对于影响企业非连续创新采纳强度的三种中介因素——外部资源依赖因素、内部制度因素和文化—认知因素分别作了详细的界定。

1. 中介变量外部资源依赖因素

在前面的章节中，我们将中介变量外部资源依赖因素界定如下：企业特别是中小企业的外部环境主要包括社会环境如政策、法律和区域相关的环境等，以及市场环境如金融以及产业的环境等。企业的外部环境主要用于企业和外部交换资源，环境中的企业努力获得对资源的控制来减少企业对外部资源的依赖。

在前面，我们详尽分析了这一中介变量因素：考虑中国环境下，在其余外部资源依赖因素逐渐改善的情况下，对企业日常经营和创新选择影响最大的外部资源依赖因素来自金融环境或外部资本，这种外部资源依赖因素可以考虑用企业的资本结构来衡量。依据李青原和王永海（2006）以及刘志彪和姜付秀等（2003）对资本结构的定义，企业的资本结构具体可以用企业的资产负债率来测量。所以，本书采用企业的资产负债率来测量本书模型中的中介变量外部资源依赖因素。

具体研究设计中，在国泰安数据库中国上市公司财务指标分析数据库中可以找到这一指标。

2. 中介变量内部制度因素

在前面的章节中，我们将中介变量内部制度因素界定如下：企业内部制度因素包括内部管理制度、创新制度、人力资源制度、信息制度等组织制度和非正式规范，对应了企业内部的管制和规范要素。其中管制要素主要指企业内部的规则或制度，带有强制性的特色，同时建立在奖惩的基础上；而规范要素指的是企业内部的准则或约束，带有期望约束的特色，同时建立在道德支配的基础上。

在前面，我们详尽分析了这一中介变量因素：企业内部的管制因素越强，代表了企业内部的规则或制度越详尽，企业通过制度化的设计或安排来促使组织中的个人按照组织的设计来行使职能，这种制度的理想模型就是科层制的组织。科层制的组织具有明确的技术化、精确化和理性化的特征，它保证组织成员的行为具有精确性、稳定性和可靠性，它严格限制了组织成员的行为方式。科层制的组织具有的典型特征是层级分明、等级森严，权利层级越多，表明这种制度越严格，对企业内部成员管制越多，行为的精确性也可能越高。因为企业内部的权利层级越多，企业内部的高管人数也越多，所以管制要素的强弱程度可以考虑用权利层级或者高管人数来衡量。

而企业内部的制度规范要素代表了企业内部的准则或约束，这种规范要素对应的是企业内部的非正式规范。前文提到的政治阻力属于企业内部制度规范，对非连续创新采纳有着关键的影响；企业内部对非连续创新采纳的决策由企业内部的高管做出，这些高管受到各自的价值观等方面的影响对非连续创新采纳有着不同的理解，必然也会影响企业的非连续创新采纳，企业内部的高管人数越多，这种潜在的不同理解会越大；同时，随着高管人数的增多，企业内部不同的利益群体也更多，这些不同的利益群体之间的利益协调也更难，当企业受到非连续创新冲击时，这些不同的利益群体在非连续创新采纳上可能产生分歧。所以可以考虑将企业内部的高管人数作为衡量企业内部的规范要素的指标，来测量这一因素对影响企业非连续创新采纳的影响。

综上所述，企业内部制度因素对应了企业内部的管制和规范方面的制度要素，包括了正式的结构和非正式的规范，企业内部的内部制度因素对企业非连续创新的采纳有着关键的影响，该因素越强，反映了企业内部的管制和规范方面的要素越强，可以考虑用企业内部的高管人数来测量这一指标。

因此，在本书中，高管人数被用来测量中介变量内部制度因素。具体研究设计中，在国泰安数据库上市公司治理结构数据库中可以找到这一指标。

3. 中介变量文化—认知因素

在前面的章节中，我们将中介变量文化—认知因素界定如下：文化—认知因素包含了企业中的文化和个体的认知对企业行为的影响，强调了共同认知与理解的框架，对企业与行动者的建构具有重要的作用，处于企业内部最核心层次，对企业的非连续创新行为的采纳有着底层或核心的影响。

企业内部的文化—认知要素作为企业内部成员或组织共同的文化—认知，这种文化—认知来源于企业内部成员对组织文化的认可，来源于企业长期的发展中所形成的特有的文化因素，这种文化因素影响了企业成员的认知，同时也影响了企业的战略或创新行为。可以看出，企业的文化—认知要素和企业的成立时间息息相关。一般来说，企业成立的时间越久，企业内部所形成的这种文化也越强大，企业内部的文化—认知因素也越显著。所以，本书采用企业年龄来测量中介变量文化—认知要素。

在具体研究设计中，在国泰安数据库中国上市公司首次公开发行研究数据库中可以找到这一指标。

调节变量的选择

1. 调节变量区域

考虑到企业所在区域发达程度的不同会影响家族做出非连续创新采纳的选择，因此将企业所在区域作为调节变量，调节自变量家族控制的作用机制。企业所在区域的发达程度，考虑用市场化指数（MAR）来测量。

市场化指数：樊纲和王小鲁（2009）采用比较的方法从多个角度对中国各省、自治区和直辖市的市场化的相对程度进行了度量，度量的结果被称为“中国各地区市场化进程相对指数”，该指数可以对中国各省、自治区和直辖市的市场化相对程度做一个大致的判断，该指数可以作为中国各地区市场化进程的指标体系。该指数从五个方面反映一个地区在市场化方面的进展：政府与市场的关系、非国有经济的发展、产品市场的发育、要素市场的发育、市场中介组织发育和法律制度环境。具体来说，本书采用《中国市场化指数——各地区市场化相对进程报告》（樊纲和王小鲁，2009）提供的中国各省、自治区、直辖市市场化程度总体得分。同时由于最新市场化指数数据公布到 2009 年，且市场的作用大多滞后若干年才显现，故本书将每年的市场化指数推后三年作为相对应的经验数据进行验证。

2. 调节变量规模

考虑到企业规模大小的不同会影响家族做出非连续创新采纳的选择，规模大的家族企业和规模小的家族企业在应对非连续创新挑战时的反应可能会有所不同。因此，本书将企业的规模作为调节变量，调节自变量家族控制的作用机制。本书采用企业销售收入指标作为调节变量规模的测量指标。在国泰安数据库中国民营上市公司数据库中有这一测量指标。

控制变量的选择

由于企业所在的行业和企业当年的年份均可能会对企业非连续创新采纳产生影响，因此，本书将企业所在行业和企业当年的年份作为控制变量，以便于比较研究。在国泰安数据库中的中国民营上市公司数据库和中国上市公司首次公开发行研究数据库中可以分别找到这两个指标。

具体设计上，本书对每一年而言，属于该年份的取值为1，不属于该年份的取值为0。

具体设计上，将不同行业定义为ind（i），其中$i=1-15$，对于属于该行业的企业ind取值为1，否则ind取值为0。

总的变量定义表如下所示：

表7-2　变量定义表

种类	名称	符号	定义
自变量	家族控制	famcon	家族拥有上市公司控制权比例
调节变量	区域	MAR	市场化指数
调节变量	规模	size	销售收入
中介变量	外部资源依赖因素	debt	资产负债率
中介变量	内部制度因素	yg	高管人数
中介变量	文化—认知因素	age	企业年龄
控制变量	行业	ind	属于该行业的企业取值为1，不属于该行业的企业取值为0
控制变量	年份	year	属于该年份的取值为1，否则为0
因变量	非连续创新采纳强度	flxcx	无形资产中技术（发明专利/非专利技术/专有技术）的本期增加值

研究设计方法和模型构建

中介效应的检验方法和步骤

1. 中介效应

中介效应指的是自变量（X）和因变量（Y）之间的关系不是简单的直接因果关系，而是通过一个或多个中间变量（M）的间接影响而产生的，这时，我们称 M 为中介变量。这种自变量通过中介变量对因变量产生的间接影响，我们称为中介效应。中介效应是间接效应的一种形式，在模型只存在一个中介变量的情况下，中介效应就是间接效应；当模型中存在多个中介变量时，中介效应并不等同于间接效应，这个时候，间接效应可能是部分中介效应或所有的中介效应的总和。

在许多中介模型中，中介变量并不仅仅只有一个，而且很可能调节变量和中介变量同时存在。在这种情况下，模型中既有中介效应还有调节效应，此时对这种模型的检验就显得更为的复杂了。

本书上市家族企业非连续创新采纳强度的影响机制模型中存在三个中介变量，可以考虑是一种中介效应模型。后面采用依次检验法对模型进行实证检验。

2. 中介效应的检验方法和步骤

中介效应的检验一般来说有三种方法：依次检验法、差异检验法和系数乘积项检验法。本书中采用依次检验法来对本书提出的上市家族企业非连续创新采纳强度影响机制的中介效应模型进行检验。

依次检验法的检验步骤：

以最简单的三变量为例，介绍中介效应模型的检验步骤。三变量的中介效应模型中介关系可以用回归方程表示如下：

其中 X 是自变量，M 是中介变量，Y 是因变量。

（1） $Y = aX + e_1$

（2） $M = bX + e_2$

（3） $Y = a'X + cM + e_3$

上述三个方程模型图如下：

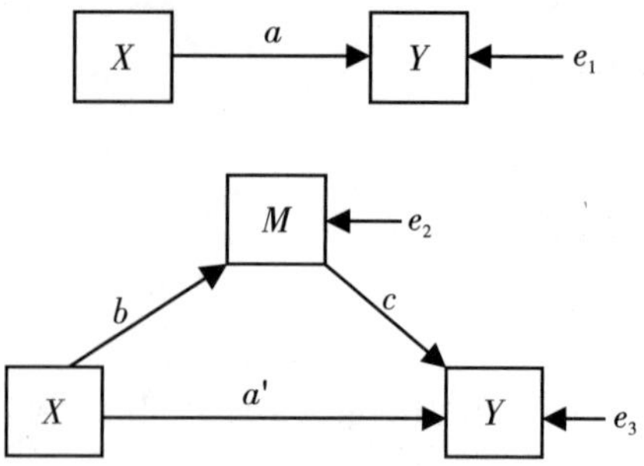

图 7－1　中介效应图

依次检验法分别检验前述（1）、（2）、（3）三个方程中的回归系数，步骤如下：

1. 首先检验自变量 X 和因变量 Y 的相关关系：即检验方程（1）$Y = aX + e_1$，若 a 显著，则继续检验方程（2）；若 a 不显著，则说明 X 对 Y 相关关系不成立，则停止中介效应检验步骤。

2. 再检验自变量 X 和中介变量 M 的相关关系：即在 a 通过显著性检验后，继续进行下面的步骤，继续检验方程（2）$M = bX + e_2$，若 b 显著，则继续检验方程（3）；若 b 不显著，就停止检验。

3. 最后检验自变量 X、中介变量 M 和因变量 Y 的相关关系，并判定中介效应是否成立：即在方程（1）和（2）都通过显著性检验后，检验方程（3）$Y = a'X + cM + e_3$，首先检验 c 的显著性，如果 c 显著，则说明中介效应显著；然后再检验 a'，若 a' 显著，则说明中介效应是不完全中介效应，如果不显著，则说明是完全中介效应，X 对 Y 的作用完全通过 M 来实现。

本书采取了上述依次检验法的三个步骤对模型进行检验，判定模型假设的中介效应是否成立。

固定效应模型

在面板数据散点图中，如果对于不同的截面或不同的时间序列，模型的截距是不同的，则可以采用在模型中加虚拟变量的方法估计回归参数，称此种模型为固定效应模型。

针对本书的面板数据，本书构建了基于固定效应的面板回归分析。

模型构建

由于本书有三个中介效应模型假设，在实证分析中，本书依据中介效应模型的依次检验法，分别对每一个中介效应模型做基于固定效应的面板回归分析：首先验证自变量和因变量的显著性，再验证中介变量和自变量的显著性，最后验证加入中介变量后自变量、中介变量和因变量的中介效应关系，以确认中介效应模型是否成立，并判定中介效应关系成立的情况下是完全中介效应还是不完全中介效应。

本书选用的分析软件为 STATA11.0 软件。具体设计上，本书构建了多元回归模型，依据 Hausman 检验结果，对模型进行基于固定效应的面板回归分析。本书设计了几个多元回归模型，并依次在模型中加入解释变量和调节变量的交乘项（先进行标准化再交乘）。

本书采用的多元回归方程如下：

回归分析方法：

$$y_{i,t} = \beta_0 + \sum_{i=1}^{p} \beta_i x_{i,k,t} + \Sigma_i \gamma_i m_{i,k,t} + [\Sigma_i \beta_i x_{i,k,t}(\Sigma_d m_d) + \beta_i x_{i,k,t} * \Pi_i m_i] + \varepsilon_{i,t}$$

y 代表因变量，i 代表企业股票代码，t 代表年份，β_0 代表截距，β_{1-p} 代表回归系数，m 代表调节变量，ε 代表残差。

描述性统计和相关性分析

描述性统计

根据本书中将要探讨的变量，依据不同的年份，本书做了描述性统计。

从因变量非连续创新采纳强度的描述性统计可以看到，其最大和最小值相差较大，显示不同企业的非连续采纳强度差异较大。而不同的年份从 2008 年到 2012 年，非连续创新采纳强度整体的平均值差异不大，显示 2008 年以后企业可能面临的整体经济环境差异不大，因此采用 2008—2012 年的数据来做研究是合适的，不会影响模型的有效性。

从自变量家族控制的描述性统计可以看到，企业的家族控制权比例在 2008—2012 年相对稳定，但是最大值和最小值差异较大，显示不同企业的家族控制权比例差异较大。这和事实的情况也是吻合的，显示数据的有效性，模型的有效性也得到保证。

从调节变量 MAR（市场化指数）的描述性统计可以看到，调节变量 MAR 在不同地域差异较大，而且随着年份的增长，市场化指数的平均值也在不断增长，显示区域整体市场化程度随着时间在不断完善，这将影响到企业的非连续创新采纳行为，因此采用市场化指数作为调节变量来调节自变量家族影响是合适的。

从调节变量 size（规模，用销售收入来测量）的描述性统计可以看到不同企业的销售收入规模差异较大，而且销售收入的最大值和平均值也差异较大。并且，随着时间的增长，企业的销售收入的平均值也在不断增长，显示总体来说，企业的规模在不断增长，这将影响到企业的非连续创新采纳行为，因此采用销售收入作为调节变量来调节自变量家族影响是合适的。

从中介变量 debt（资产负债率）的描述性统计可以看到，不同企业的资产负债率差异极大，而且最大值和平均值以及最小值之间的差异也极大。而且随着时间的增长，企业的整体资产状况在改善，显示金融危机之后，企业的整体经营状况可能在不断改善，这必将对企业的非连续创新采纳带来影响。

从中介变量 yg（高管人数）的描述性统计可以看到，不同企业的高管人数有较大差异，而企业的高管人数的平均值从 2008—2012 年整体相近，显示企业的层级结构整体变化不大，但不同企业之间差异较大，这也符合现实的情况，模型的有效性得到保证。

从中介变量 age（企业年龄）的描述性统计可以看到，企业的平均年龄在 13 年，最大的年龄在 28—32 年之间，而最小的企业年龄在 1—5 年之间，这也说明中国的家族企业普遍非常的年轻，相较于国外的家族企业，中国的家族企业都还处于早期的阶段，这必将对中国家族企业非连续创新的采纳产生较大的影响。这也符合中国现实的情况，模型的有效性得到保证。

通过上述描述性统计分析，从上述具体的数据中可以看出本书主要的变量——自变量、因变量、中介变量、调节变量均在合理有效的范围之内，符合事实的情况，模型的有效性得到了保证。

表 7 - 3　描述性统计

	2008 年	2009 年	2010 年	2011 年	2012 年
flxcx（因变量）					
平均值	12.992 65	14.035 51	14.091 33	14.7081	14.143 57
方差	6.215 207	2.428 788	5.728 719	5.127 106	6.565 275
最大	19.133 73	19.190 92	18.564 33	20.964 07	19.052 39
最小	-23.567	8.294 049	-25.646 45	-25.646 45	-25.646 45

（续表）

	2008 年	2009 年	2010 年	2011 年	2012 年
famcon（自变量）					
平均值	0. 349 030 3	0. 342 789 8	0. 342 186 8	0. 334 379 5	0. 331 938 1
方差	0. 156 801 9	0. 154 735 2	0. 156 277 3	0. 155 312 7	0. 152 288 4
最大	0. 806	0. 806	0. 806	0. 806	0. 806
最小	0. 069	0. 051 4	0. 035	0. 021 97	0. 0206
MAR（调节变量）					
平均值	7. 757 996	8. 333 738	8. 754 162	8. 992 871	9. 339 48
方差	1. 709 791	1. 872 61	1. 952 46	1. 985 017	2. 226 367
最大	9. 57	10. 37	10. 92	11. 16	11. 8
最小	0. 3	0. 29	1. 63	1. 36	0. 38
size（调节变量）					
平均值	1. 64E +09	1. 74E +09	2. 34E +09	3. 04E +09	3. 21E +09
方差	4. 03E +09	4. 63E +09	6. 21E +09	8. 42E +09	8. 15E +09
最大	4. 99E +10	6. 03E +10	7. 55E +10	9. 39E +10	9. 84E +10
最小	0	0	0	0	0
debt（中介变量）					
平均值	0. 827 293 9	0. 822 307	0. 728 293 6	0. 582 733 2	0. 568 727 5
方差	4. 452 699	3. 424 659	2. 174 379	1. 084 364	0. 913 473 2
最大	96. 959 31	58. 082 23	29. 697 59	18. 837 53	12. 127 36
最小	0. 018 299	0. 014 459	0. 010 827 3	0. 007 079 9	0. 025 139 4
yg（中介变量）					
平均值	5. 634 051	5. 717 899	5. 673 786	5. 732 943	5. 830 443
方差	2. 365 838	2. 416 68	2. 434 83	2. 411 89	2. 627 843
最大	19	21	23	18	20
最小	1	1	1	1	1
age（中介变量）					

（续表）

	2008 年	2009 年	2010 年	2011 年	2012 年
平均值	11.2447	12.2447	13.2447	14.2447	15.2447
方差	5.072 053	5.072 053	5.072 053	5.072 053	5.072 053
最大	28	29	30	31	32
最小	1	2	3	4	5

相关性分析

本书做了变量之间的相关性描述分析，总体上符合研究的预期。自变量家族控制和因变量非连续创新采纳强度之间有较显著的负相关关系。而自变量家族控制和三个中介变量——外部资源依赖因素、内部制度因素以及文化—认知之间存在较显著的正相关关系。而三个中介变量——外部资源依赖因素、内部制度因素以及文化—认知和因变量非连续创新采纳强度之间也存在较显著的正相关关系。以上初步证明本书所假设的中介效应成立，后续可以进行进一步的分析。

表 7－4　相关性分析

	flxcx	famcon	MAR	size	debt	yg	age
flxcx	1						
famcon	－0.0965 *	1					
MAR	0.0992	0.1306 *	1				
Size	0.0789	0.1200 *	0.0682 *	1			
debt	0.0853 *	0.0757 *	－0.0154	－0.0184	1		
yg	0.0814 *	0.0839 *	0.0107	0.2245 *	－0.0821 *	1	
age	0.0957 *	0.2725 *	－0.0945 *	0.0039	0.0841 *	－0.1558 *	1

注：* 表示在5%水平上显著。

小结

本章首先介绍了本书实证研究的研究对象、数据来源和抽样方法。随后介绍了如何界定和测量本书的自变量（家族控制）、因变量（非连续创新采纳强度）、中介变量（外部资源依赖因素、内部制度因素和文化—认知因素）、调节变量（区域和规模）和控制变量（行业和年份）。接下来提出了本书研究的设计方法和模型构建。最后对研究设计做了描述性统计和相关性分析。

第8章　研究结果及分析

本书选用的分析软件为STATA11.0软件，依据中介效应依次检验法来对中介效应模型进行检验。由于本书有三个中介效应模型假设，在检验步骤上，本书针对每一个中介效应模型分别进行验证。

研究假设的回顾

本书理论分析部分提出了三个中介效应模型分别是家族控制与外部资源依赖因素和非连续创新采纳强度的中介效应模型、家族控制与内部制度因素和非连续创新采纳强度的中介效应模型以及家族控制与文化—认知因素和非连续创新采纳强度的中介效应模型。

根据前述的理论分析，这三个中介效应模型，分别对应了三个主要假设和二十一个小假设。具体假设关系如下：

表8-1　研究假设及关系

假设	描述	假设关系
P1	上市家族企业对外部资源的依赖弱化了家族控制对非连续创新采纳强度的负相关关系（不完全中介效应）	不完全中介效应
P1-1	上市家族企业家族控制越强，企业非连续创新采纳强度越低	-
P1-2	上市家族企业家族控制越强，企业的外部资源依赖因素越强	+
P1-3	上市家族企业外部资源依赖因素越强，企业非连续创新采纳强度越高	+
P1-4	上市家族企业规模越大，企业非连续创新采纳强度越低	-
P1-5	上市家族企业所在区域越发达，企业非连续创新采纳强度越高	+
P1-6	中国上市家族企业区域越发达，企业对外部资源的依赖越强	+
P1-7	上市家族企业规模越大，企业对外部资源的依赖越弱	-

（续表）

假设	描述	假设关系
P2	上市家族企业内部制度因素弱化了家族控制对非连续创新采纳强度的负相关关系（不完全中介效应）	不完全中介效应
P2－1	上市家族企业家族控制越强，企业非连续创新采纳强度越低	－
P2－2	上市家族企业家族控制越强，企业内部制度因素越强	＋
P2－3	上市家族企业内部制度因素越强，企业非连续创新采纳强度越高	＋
P2－4	上市家族企业规模越大，企业非连续创新采纳强度越低	－
P2－5	上市家族企业所在区域越发达，企业非连续创新采纳强度越高	＋
P2－6	上市家族企业规模越大，企业内部制度因素越强	＋
P2－7	上市家族企业所在区域越发达，企业内部制度因素越强	＋
P3	上市家族企业文化—认知因素弱化了家族控制对企业非连续创新采纳强度的负相关关系（不完全中介效应）	不完全中介效应
P3－1	上市家族企业家族控制越强，企业非连续创新采纳强度越低	－
P3－2	上市家族企业家族控制越强，企业文化—认知因素越强	＋
P3－3	上市家族企业文化—认知因素越强，企业非连续创新采纳强度越高	＋
P3－4	上市家族企业规模越大，企业非连续创新采纳强度越低	－
P3－5	上市家族企业所在区域越发达，企业非连续创新采纳强度越高	＋
P3－6	上市家族企业所在区域越发达，企业的文化—认知因素越弱	－
P3－7	上市家族企业规模越大，企业的文化—认知因素越弱。	－

下面根据 STATA 数据结果对模型和假设进行验证。

家族控制与外部资源依赖因素和非连续创新采纳强度的中介效应模型的验证

1．检验步骤介绍

本书采用的是中介效应模型的依次检验法进行验证。根据前述分析可知，进行实证检验时采用自变量→因变量，自变量→中介变量以及自变量、中介变量、因变量的三个步骤分别检验显著性。

2. 检验步骤1：检验自变量家族控制（famcon）对因变量非连续创新采纳强度（flxcx）的相关性

依据前述中介效应模型的依次检验法，首先检验没有加入中介效应的情况下自变量与因变量的显著性。在本书中，也就是检验第一个中介效应模型中的因变量非连续创新采纳强度，在没有考虑中介效应外部资源依赖因素的情况下对自变量家族控制的显著性。

该步骤设计了四个多元回归模型，并依次在模型中加入自变量和调节变量的交乘项。

采用STATA运算结果如下：

表8-2 STATA结果1-1

	(1)	(2)	(3)	(4)
	flxcx	flxcx	flxcx	flxcx
famcon	-26.599 * * *	-26.513 * * *	-25.941 * * *	-26.089 * * *
	(8.364)	(8.423)	(8.384)	(8.429)
MAR	0.929	0.898	0.339	0.340
	(1.505)	(1.533)	(1.560)	(1.564)
size	-0.000	-0.000	-0.000	-0.000
	(0.000)	(0.000)	(0.000)	(0.000)
size_X_MAR	0.216	0.218	2.503 *	2.226
	(0.608)	(0.610)	(1.479)	(1.858)
famcon_X_MAR		-0.121	-0.914	-0.932
		(1.063)	(1.157)	(1.162)
famcon_X_size			3.049 *	3.115 *
			(1.800)	(1.824)
famcon_X_size_X_MAR				0.404
				(1.632)
_cons	17.293	17.476	23.398 *	23.461 *
	(13.331)	(13.466)	(13.843)	(13.883)
r2_w	0.068	0.068	0.084	0.084
F	1.161	1.059	1.209	1.121

（续表）

	(1)	(2)	(3)	(4)
Ll	-812.093	-812.081	-809.375	-809.316
chi2				
N	327.000	327.000	327.000	327.000

注：＊＊＊表示在1%水平上显著，＊表示在10%水平上显著。括号内数字为标准误差。

结果分析：

因变量非连续创新采纳强度（flxcx）与自变量家族控制（famcon）：从STATA数据可以看出，显著负相关。显示家族控制越强，企业非连续创新采纳强度越低。符合本书的假设 P1-1：上市家族企业家族控制越强，企业非连续创新采纳强度越低。假设 P1-1 成立。

进一步就数据结果进行分析：

调节作用：在本步骤中，调节变量企业规模（size）和自变量家族控制（famcon）的交乘项（famcon_X_size）与因变量非连续创新采纳强度（flxcx）：显著正相关。表明规模的调节效应成立：在自变量家族控制对因变量非连续创新采纳强度的负向关系中，加入了调节变量企业规模之后，随着企业规模的增大，企业在非连续创新采纳上的投入越大，自变量家族控制对因变量非连续创新采纳强度的负向作用越弱化。而在前面的假设理论分析中，假设 P1-4 说明在自变量家族控制对因变量非连续创新采纳强度的负向关系中，加入了调节变量企业规模之后，上市家族企业规模越大，企业非连续创新采纳强度越低，自变量家族控制对因变量非连续创新采纳强度的负向作用越强化。实证结果和理论假设相反，假设 P1-4 不成立。

可能的原因在于，在中国激烈变化的环境下生存下来的公司，对环境有着较强的适应能力，需要经常面临变革，企业文化也较为进取。中国上市家族企业规模越大，企业面临的环境变化压力越大，企业越需要经常做出适应性的变化。虽然企业规模越大带来了诸如企业层级复杂、内部政治阻力大、内部利益难以协调等问题，但中国的家族企业普遍规模都不如国外家族企业那么大，而且企业大多比较年轻，这些问题对企业非连续创新采纳的影响不如应对外界环境变化的压力大，于是在中国，上市家族企业规模越大，企业可能越倾向于采纳非连续创新，在非连续创新采纳上的投入可能越大。

中国家族企业这一点和国外家族企业有明显的不同，可能的原因是中国家族企业由于成立时间相对不长，企业规模还未有国外家族企业那么大，大企业的陈旧和懈怠的问题还没有那么明显，企业也相对会更加积极进取，愿意接受变革。

而在本步骤中，调节变量区域（MAR）和自变量家族控制（famcon）的交乘项（famcon_X_MAR）与因变量非连续创新采纳强度（flxcx）：没有显著相关关系。前述假设 P1 -5：上市家族企业所在区域越发达，企业非连续创新采纳强度越高，不能够得到验证。

结论：中国上市家族企业通过引入外部战略投资者等方式降低控制权比例，可以有效地提升非连续创新采纳强度。企业规模越大，企业做出非连续创新的意愿越强烈，在非连续创新采纳上的投入可能越大。

3. 检验步骤 2：检验自变量家族控制（famcon）和中介变量外部资源依赖因素（debt）的相关性

该步骤设计了四个多元回归模型，并依次在模型中加入自变量和调节变量的交乘项。

采用 STATA 运算结果如下：

表 8 -3　STATA **结果** 1 -2

	(1)	(2)	(3)	(4)
	debt	debt	debt	debt
famcon	3.883 * * *	4.235 * * *	4.120 * * *	4.074 * * *
	(0.761)	(0.768)	(0.770)	(0.770)
MAR	0.328 * *	0.338 * * *	0.335 * * *	0.352 * * *
	(0.128)	(0.127)	(0.127)	(0.128)
size	0.000	0.000	0.000	0.000
	(0.000)	(0.000)	(0.000)	(0.000)
size_X_MAR	0.006	-0.044	-0.089	-0.010
	(0.083)	(0.084)	(0.087)	(0.107)
famcon_X_MAR		0.282 * * *	0.301 * * *	0.307 * * *
		(0.091)	(0.091)	(0.091)
famcon_X_size			-0.275 * *	-0.303 * *

（续表）

	(1)	(2)	(3)	(4)
			(0.134)	(0.136)
famcon_X_size_X_MAR				-0.144
				(0.113)
_cons	-3.501	-3.604	-3.741 *	-3.947 *
	(2.248)	(2.244)	(2.243)	(2.249)
r2_w	0.026	0.031	0.033	0.034
F	2.596	2.928	2.987	2.930
Ll	-5.2e+03	-5.2e+03	-5.2e+03	-5.2e+03
chi2				
N	2569.000	2569.000	2569.000	2569.000

注：* * * 表示在 1% 水平上显著，* * 表示在 5% 水平上显著，* 表示在 10% 水平上显著。括号内数字为标准误差。

结果分析：

自变量家族控制（famcon）和中介变量外部资源依赖因素（debt）：显著正相关。显示家族控制越强，企业越愿意负债，企业对外部资源的依赖越强。符合假设 P1-2：上市家族企业家族控制越强，企业的外部资源依赖因素越强。假设 P1-2 成立。

进一步分析数据结果：

调节效应：调节变量区域（MAR）和自变量家族控制（famcon）的交乘项（famcon_X_MAR）与中介变量外部资源依赖因素（debt）：显著正相关。结果表明：调节变量区域的调节效应成立，调节变量区域效应增强了家族控制对外部资源依赖因素的正相关作用，显示越发达的区域，企业越倾向于增加对外部资本依赖，负债越多，企业对外部资源的依赖越高。假设 P1-6 成立。

而调节变量企业规模（size）和自变量家族控制（famcon）的交乘项（famcon_X_size）与中介变量外部资源依赖因素（debt）：显著负相关。结果表明：调节变量规模的调节效应成立，调节变量规模效应弱化了家族控制对外部资源依赖因素的正相关作用，显示企业规模越大，企业的负债程度越低，企业对外部资源的依赖越低。假设 P1-7 成立。

4．检验步骤3：检验家族控制（famcon）与外部资源依赖因素（debt）和非连续创新采纳强度（flxcx）的中介效应模型

该步骤设计了四个多元回归模型，并依次在模型中加入自变量和调节变量的交乘项。

采用STATA运算结果如下：

表8-4　STATA结果1-3

	(1)	(2)	(3)	(4)
	flxcx	flxcx	flxcx	flxcx
famcon	-28.378***	-28.095***	-27.590***	-27.563***
	(8.359)	(8.397)	(8.341)	(8.379)
MAR	0.784	0.644	0.010	0.009
	(1.496)	(1.527)	(1.553)	(1.558)
size	-0.000	-0.000	-0.000*	-0.000*
	(0.000)	(0.000)	(0.000)	(0.000)
size_X_MAR	0.410	0.430	2.957**	3.022
	(0.612)	(0.615)	(1.481)	(1.880)
debt	8.154*	8.574*	9.241**	9.278**
	(4.347)	(4.442)	(4.424)	(4.485)
famcon_X_MAR		-0.524	-1.427	-1.425
		(1.076)	(1.172)	(1.176)
famcon_X_size			3.350*	3.336*
			(1.788)	(1.810)
famcon_X_size_X_MAR				-0.091
				(1.634)
_cons	15.374	16.259	22.030	22.024
	(13.147)	(13.301)	(13.560)	(13.600)
r2_w	0.087	0.088	0.107	0.107
F	1.373	1.280	1.456	1.352
Ll	-808.802	-808.576	-805.255	-805.252

（续表）

	(1)	(2)	(3)	(4)
chi2				
N	327.000	327.000	327.000	327.000

注：＊＊＊表示在1%水平上显著，＊＊表示在5%水平上显著，＊表示在10%水平上显著。括号内数字为标准误差。

结果分析：

从STATA数据结果可以看到：

中介变量外部资源依赖因素（debt）与因变量非连续创新采纳强度（flxcx）：显著正相关。符合假设P1－3：在中国环境下，上市家族企业外部资源依赖因素越强，企业非连续创新采纳强度越高。假设P1－3成立。同时，在本步骤中，自变量家族控制（famcon）与因变量非连续创新采纳强度（flxcx）：显著负相关。

上述结果符合中介效应检验的第三个步骤：中介变量外部资源依赖因素与因变量非连续创新采纳强度显著正相关，同时自变量家族控制又与因变量非连续创新采纳强度具有相关性，说明这是一种不完全的中介效应。主假设P1：上市家族企业对外部资源的依赖弱化了家族控制对企业非连续创新采纳强度的负相关关系成立。整个中介效应模型得到验证，并且是不完全中介效应。

综上所述：家族控制与外部资源依赖因素和非连续创新采纳强度的中介效应模型成立。

假设验证结果如下表：

表8－5　家族控制与外部资源依赖因素和非连续创新采纳强度的中介效应模型假设验证

假设	描述	假设关系	验证结果	是否验证
P1	上市家族企业对外部资源的依赖弱化了家族控制对非连续创新采纳强度的负相关关系（不完全中介效应）	不全中介效应	不全中介效应	得到验证
P1－1	上市家族企业家族控制越强，企业非连续创新采纳强度越低	－	－	得到验证
P1－2	上市家族企业家族控制越强，企业的外部资源依赖因素越强	+	+	得到验证

（续表）

假设	描述	假设关系	验证结果	是否验证
P1－3	上市家族企业外部资源依赖因素越强，企业非连续创新采纳强度越高	+	+	得到验证
P1－4	上市家族企业规模越大，企业非连续创新采纳强度越低	－	+	验证相反
P1－5	上市家族企业所在区域越发达，企业非连续创新采纳强度越高	+	不显著	不支持
P1－6	上市家族企业区域越发达，企业对外部资源的依赖越强	+	+	得到验证
P1－7	上市家族企业规模越大，企业对外部资源的依赖越弱	－	－	得到验证

该中介效应模型具体作用机制如下图所示：

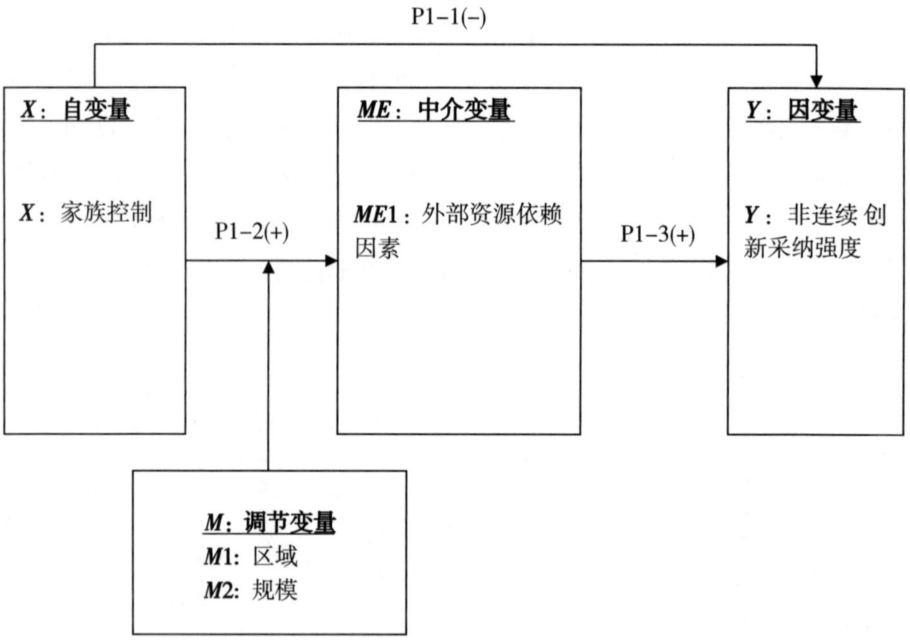

图 8－1　家族控制与外部资源依赖因素和非连续创新采纳强度的中介效应模型

家族控制与内部制度因素和非连续创新采纳强度的中介效应模型的验证

1．检验步骤介绍

本书采用的是中介效应模型的依次检验法进行验证。根据前述分析可知，进行实证检验时采用自变量→因变量，自变量→中介变量以及自变量、中介变量、因变量的三个步骤分别检验显著性。

2．检验步骤 1：检验自变量家族控制（famcon）对因变量非连续创新采纳强度（flxcx）的相关性

依据前述中介效应模型的依次检验法，首先检验没有加入中介效应的情况下自变量和因变量的显著性。在本书中，也就是检验第二个中介效应的因变量非连续创新采纳强度，在没有考虑中介效应内部制度因素的情况下对自变量家族控制的显著性。

该步骤设计了四个多元回归模型，并依次在模型中加入自变量和调节变量的交乘项。

采用 STATA 运算结果如下：

表 8－6　STATA 结果 2－1

	(1)	(2)	(3)	(4)
	flxcx	flxcx	flxcx	flxcx
famcon	－26.599＊＊＊	－26.513＊＊＊	－25.941＊＊＊	－26.089＊＊＊
	(8.364)	(8.423)	(8.384)	(8.429)
MAR	0.929	0.898	0.339	0.340
	(1.505)	(1.533)	(1.560)	(1.564)
size	－0.000	－0.000	－0.000	－0.000
	(0.000)	(0.000)	(0.000)	(0.000)
size_X_MAR	0.216	0.218	2.503＊	2.226
	(0.608)	(0.610)	(1.479)	(1.858)
famcon_X_MAR		－0.121	－0.914	－0.932
		(1.063)	(1.157)	(1.162)
famcon_X_size			3.049＊	3.115＊
			(1.800)	(1.824)

（续表）

	(1)	(2)	(3)	(4)
famcon _ X _ size _ X _MAR				0.404
				(1.632)
_cons	17.293	17.476	23.398 *	23.461 *
	(13.331)	(13.466)	(13.843)	(13.883)
r2_w	0.068	0.068	0.084	0.084
F	1.161	1.059	1.209	1.121
Ll	-812.093	-812.081	-809.375	-809.316
chi2				
N	327.000	327.000	327.000	327.000

注：＊＊＊表示在1%水平上显著，＊表示在10%水平上显著。括号内数字为标准误差。

结果分析：

因变量非连续创新采纳强度（flxcx）与自变量家族控制（famcon）：从STATA数据可以看出，显著负相关。显示家族控制越强，企业非连续创新采纳强度越低。符合本书的假设P1－1：上市家族企业家族控制越强，企业非连续创新采纳强度越低。假设P1－1成立。

进一步就数据结果分析：

调节作用：在本步骤中，调节变量企业规模（size）和自变量家族控制（famcon）的交乘项（famcon_X_size）与因变量非连续创新采纳强度（flxcx）：显著正相关。表明规模的调节效应成立：在自变量家族控制对因变量非连续创新采纳强度的负向关系中，加入了调节变量企业规模之后，随着企业规模的增大，企业在非连续创新采纳上的投入越大，自变量家族控制对因变量非连续创新采纳强度的负向作用越弱化。而在前面的假设理论分析中，假设P2－4说明在自变量家族控制对因变量非连续创新采纳强度的负向关系中，加入了调节变量企业规模之后，随着上市家族企业规模越大，企业非连续创新采纳强度越低，自变量家族控制对因变量非连续创新采纳强度的负向作用越强化。实证结果和理论假设相反，假设P2－4不成立。

可能的原因在于，在中国激烈变化的环境下生存下来的公司，对环境有着较强的适应能力，需要经常面临变革，企业文化也较为进取。中国上市家族企业规模越大，企业面临的环境变化压力越大，企业越需要经常做出适应性的变化。虽然企业规模越大带来了诸如企业层级复杂、内部政治阻力大、内部利益难以协调等问题，但中国的家族企业普遍规模都不如国外家族企业那么大，而且企业大多比较年轻，这些问题对企业非连续创新采纳的影响不如应对外界环境变化的压力大，于是在中国，上市家族企业规模越大，企业可能越倾向于采纳非连续创新，在非连续创新采纳上的投入可能越大。

中国家族企业这一点和国外家族企业有明显的不同，可能的原因是中国家族企业由于成立时间相对不长，企业规模还未有国外家族企业那么大，大企业的陈旧和懈怠的问题还没有那么明显，企业也相对会更加积极进取，愿意接受变革。

而在本步骤中，调节变量区域（MAR）和自变量家族控制（famcon）的交乘项（famcon_X_MAR）与因变量非连续创新采纳强度（flxcx）：没有显著相关关系。前述假设 P2－5：上市家族企业所在区域越发达，企业非连续创新采纳强度越高，不能够得到验证。

结论：中国上市家族企业通过引入外部战略投资者等方式降低控制权比例，可以有效地提升非连续创新采纳强度。企业规模越大，企业做出非连续创新的意愿越强烈，在非连续创新采纳上的投入可能越大。

3. 检验步骤 2：检验自变量家族控制（famcon）和中介变量内部制度因素（yg）的相关性

该步骤设计了 4 个多元回归模型，并依次在模型中加入自变量和调节变量的交乘项。

采用 STATA 运算结果如下：

表 8－7　STATA 结果 2－2

	(1)	(2)	(3)	(4)
	yg	yg	yg	yg
famcon	0.893 * *	0.840 * *	0.825 *	0.805 *
	(0.418)	(0.422)	(0.423)	(0.424)
MAR	－0.010	－0.011	－0.011	－0.004

（续表）

	(1)	(2)	(3)	(4)
	(0.070)	(0.070)	(0.070)	(0.070)
size	0.000 * * *	0.000 * * *	0.000 * * *	0.000 * * *
	(0.000)	(0.000)	(0.000)	(0.000)
size_X_MAR	-0.123 * * *	-0.116 * *	-0.121 * *	-0.088
	(0.045)	(0.046)	(0.048)	(0.059)
famcon_X_MAR		-0.043	-0.041	-0.038
		(0.050)	(0.050)	(0.050)
famcon_X_size			-0.036	-0.048
			(0.074)	(0.075)
famcon _ X _ size _ X _MAR				-0.060
				(0.062)
_cons	5.954 * * *	6.017 * * *	6.011 * * *	5.954 * * *
	(0.985)	(0.988)	(0.988)	(0.990)
r2_w	0.041	0.041	0.041	0.041
F	4.038	3.889	3.728	3.612
Ll	-3.6e+03	-3.6e+03	-3.6e+03	-3.6e+03
chi2				
N	2547.000	2547.000	2547.000	2547.000

注：* * *表示在1%水平上显著，* *表示在5%水平上显著，*表示在10%水平上显著。括号内数字为标准误差。

结果分析：

自变量家族控制（famcon）与内部制度因素（yg）：显著正相关。符合假设P2-2：上市家族企业家族控制越强，企业内部制度因素越强。假设P2-2成立。

调节效应的验证：

调节变量企业规模（size）和自变量家族控制（famcon）的交乘项（famcon

_X_size）与中介变量内部制度因素（yg）的相关性：不显著。调节变量企业规模的调节效应不能够得到验证。于是，假设P2－6：上市家族企业规模越大，企业内部制度因素越强，不能够得到验证。

调节变量区域（MAR）和自变量家族控制（famcon）的交乘项（famcon_X_MAR）与中介变量内部制度因素（yg）的相关性：不显著。调节变量区域的调节效应不能够得到验证。于是，P2－7：上市家族企业所在区域越发达，企业内部制度因素越强，不能够得到验证。

4. 检验步骤3：检验家族控制（famcon）与内部制度因素（yg）和非连续创新采纳强度（flxcx）的中介效应模型

该步骤设计了四个多元回归模型，并依次在模型中加入自变量和调节变量的交乘项。

采用STATA运算结果如下：

表8－8　STATA结果2－3

	(1)	(2)	(3)	(4)
	flxcx	flxcx	flxcx	flxcx
famcon	1.0e+08**	1.1e+08***	1.1e+08***	1.2e+08***
	(4.1e+07)	(4.1e+07)	(4.1e+07)	(4.1e+07)
MAR	1.0e+06	3.9e+06	3.7e+06	2.2e+06
	(7.4e+06)	(7.5e+06)	(7.6e+06)	(7.6e+06)
size	0.000	0.000	0.000	-0.001
	(0.001)	(0.001)	(0.001)	(0.001)
size_X_MAR	7.7e+06*	6.3e+06	6.7e+06	2.4e+06
	(4.1e+06)	(4.1e+06)	(4.3e+06)	(4.7e+06)
yg	3.9e+06**	4.0e+06**	4.0e+06***	4.1e+06***
	(1.6e+06)	(1.6e+06)	(1.6e+06)	(1.6e+06)
famcon_X_MAR		1.0e+07**	1.0e+07**	8.8e+06*
		(4.5e+06)	(4.6e+06)	(4.6e+06)
famcon_X_size			1.5e+06	1.1e+07*
			(4.7e+06)	(6.3e+06)

（续表）

	(1)	(2)	(3)	(4)
famcon _ X _ size _ X _MAR				1.4e +07 * *
				(6.1e +06)
_cons	-7.0e +07	-9.4e +07	-9.2e +07	-7.8e +07
	(7.5e +07)	(7.5e +07)	(7.5e +07)	(7.5e +07)
r2_w	0.039	0.047	0.047	0.055
F	1.539	1.748	1.664	1.853
Ll	-1.7e +04	-1.7e +04	-1.7e +04	-1.7e +04
chi2				
N	873.000	873.000	873.000	873.000

注：* * *表示在1%水平上显著，* *表示在5%水平上显著，*表示在10%水平上显著。括号内数字为标准误差。

结果分析：

中介变量内部制度因素（yg）和因变量非连续创新采纳强度（flxcx）：显著正相关。符合假设P2-3：上市家族企业内部制度因素越强，企业非连续创新采纳强度越高。假设P2-3成立。同时，在本步骤中，自变量家族控制（famcon）和因变量非连续创新采纳强度（flxcx）：显著正相关。

上述结果，符合中介效应检验的第三个步骤。中介变量内部制度因素与因变量非连续创新采纳强度显著正相关，同时自变量家族控制又与因变量非连续创新采纳强度具有相关性，说明这是一种不完全的中介效应。主假设P2：上市家族企业内部制度因素弱化了家族控制对非连续创新采纳强度的负相关关系成立。整个中介效应模型得到验证，并且是不完全中介效应。

在检验的第一个步骤中，自变量家族控制和因变量非连续创新采纳强度是显著负相关关系，显示由于中介效应的作用，中介效应大大弱化了家族控制对非连续创新采纳强度的负相关关系，由于中介效应内部制度因素的存在，家族控制与非连续创新采纳强度的相关关系由负相关关系变为了正相关关系。

综上所述：家族控制与内部制度因素和非连续创新采纳强度的中介效应模型成立。

假设验证结果如下表：

表 8－9　家族控制与内部制度因素和非连续创新采纳强度的中介效应假设验证

假设	描述	假设关系	验证结果	是否验证
P2	上市家族企业内部制度因素弱化了家族控制对非连续创新采纳强度的负相关关系（不完全中介效应）	不完全中介效应	不完全中介效应	得到验证
P2－1	上市家族企业家族控制越强，企业非连续创新采纳强度越低	－	－	得到验证
P2－2	上市家族企业家族控制越强，企业内部制度因素越强	＋	＋	得到验证
P2－3	上市家族企业内部制度因素越强，企业非连续创新采纳强度越高	＋	＋	得到验证
P2－4	上市家族企业规模越大，企业非连续创新采纳强度越低	－	＋	验证相反
P2－5	上市家族企业所在区域越发达，企业非连续创新采纳强度越高	＋	不显著	不支持
P2－6	上市家族企业规模越大，企业内部制度因素越强	＋	不显著	不支持
P2－7	上市家族企业所在区域越发达，企业内部制度因素越强	＋	不显著	不支持

该中介效应模型具体作用机制如下页图所示：

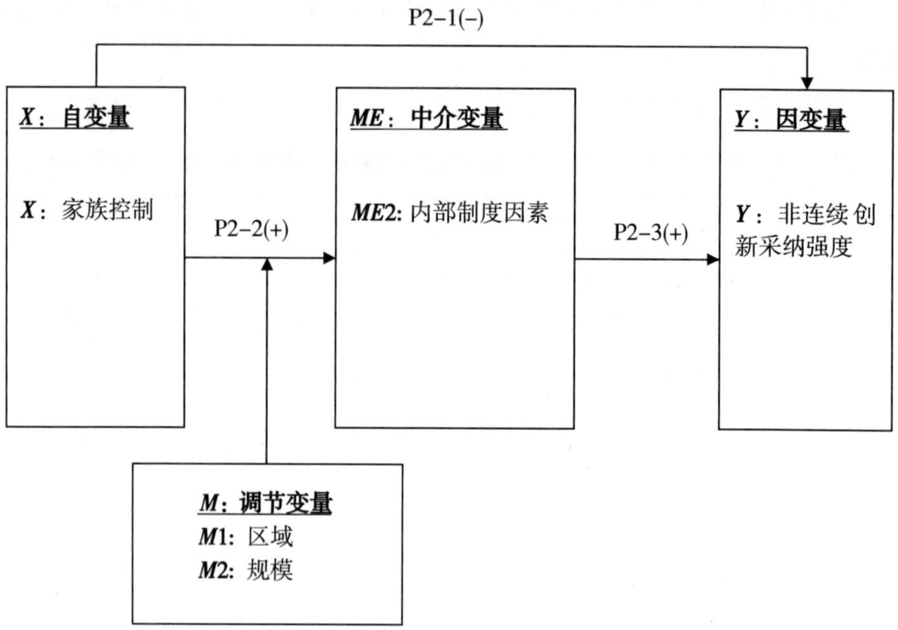

图 8-2　家族控制与内部制度因素和非连续创新采纳强度的中介效应模型

家族控制与文化—认知因素和非连续创新采纳强度的中介效应模型的验证

1. 检验步骤介绍

本书采用的是中介效应模型的依次检验法进行验证。根据前述分析可知，进行实证检验时采用自变量→因变量，自变量→中介变量以及自变量、中介变量、因变量的三个步骤分别检验显著性。

2. 检验步骤 1：检验自变量家族控制（famcon）对因变量非连续创新采纳强度（flxcx）的相关性

依据前述中介效应模型的依次检验法，首先检验没有加入中介效应的情况下自变量与因变量的显著性。在本书中，也就是检验第三个中介效应的因变量非连续创新采纳强度，在没有考虑中介效应文化—认知因素的情况下对自变量家族控制的显著性。

该步骤设计了四个多元回归模型，并依次在模型中加入自变量和调节变量的交乘项。采用 STATA 运算结果如下：

表 8－10　STATA 结果 3－1

	(1)	(2)	(3)	(4)
	flxcx	flxcx	flxcx	flxcx
famcon	－26.599＊＊＊	－26.513＊＊＊	－25.941＊＊＊	－26.089＊＊＊
	(8.364)	(8.423)	(8.384)	(8.429)
MAR	0.929	0.898	0.339	0.340
	(1.505)	(1.533)	(1.560)	(1.564)
size	－0.000	－0.000	－0.000	－0.000
	(0.000)	(0.000)	(0.000)	(0.000)
size_X_MAR	0.216	0.218	2.503＊	2.226
	(0.608)	(0.610)	(1.479)	(1.858)
famcon_X_MAR		－0.121	－0.914	－0.932
		(1.063)	(1.157)	(1.162)
famcon_X_size			3.049＊	3.115＊
			(1.800)	(1.824)
famcon_X_size_X_MAR				0.404
				(1.632)
_cons	17.293	17.476	23.398＊	23.461＊
	(13.331)	(13.466)	(13.843)	(13.883)
r2_w	0.068	0.068	0.084	0.084
F	1.161	1.059	1.209	1.121
Ll	－812.093	－812.081	－809.375	－809.316
chi2				
N	327.000	327.000	327.000	327.000

注：＊＊＊表示在 1% 水平上显著，＊表示在 10% 水平上显著。括号内数字为标准误差。

结果分析：

从 STATA 数据可以看出，因变量非连续创新采纳强度（flxcx）与自变量家族控制（famcon）：显著负相关。显示家族控制越强，企业非连续创新采纳强度越低。符合本书的假设 P3－1：上市家族企业家族控制越强，企业非连续创新采纳强度越低。假设 P3－1 成立。

进一步就数据结果分析：

调节作用：在本步骤中，调节变量企业规模（size）和自变量家族控制（famcon）的交乘项（famcon_X_size）与因变量非连续创新采纳强度（flxcx）：显著正相关。表明规模的调节效应成立：在自变量家族控制对因变量非连续创新采纳强度的负向关系中，加入了调节变量企业规模之后，随着企业规模的增大，企业在非连续创新采纳上的投入越大，自变量家族控制对因变量非连续创新采纳强度的负向作用越弱化。而在前面的假设理论分析中，假设 P3－4 说明在自变量家族控制对因变量非连续创新采纳强度的负向关系中，加入了调节变量企业规模之后，随着上市家族企业规模越大，企业非连续创新采纳强度越低，自变量家族控制对因变量非连续创新采纳强度的负向作用越强化。实证结果和理论假设相反，假设 P3－4 不成立。

可能的原因在于，在中国剧烈变化的环境下生存下来的公司，对环境有着较强的适应能力，需要经常面临变革，企业文化也较为进取。中国上市家族企业规模越大，企业面临的环境变化压力越大，企业越需要做出经常适应性的变化。虽然企业规模越大带来了诸如企业层级复杂，内部政治阻力大，内部利益难以协调等问题，但中国的家族企业普遍规模都不如国外家族企业那么大，而且企业大多比较年轻，这些问题对企业非连续创新采纳的影响不如应对外界环境变化的压力大，于是在中国，上市家族企业规模越大，企业可能越倾向于采纳非连续创新，在非连续创新采纳上的投入可能越大。

中国家族企业这一点和国外家族企业有明显的不同，可能的原因是中国家族企业由于成立时间相对不长，企业规模还未有国外家族企业那么大，大企业的陈旧和懈怠的问题还没有那么明显，企业也相对会更加积极进取，愿意接受变革。

而在本步骤中，调节变量区域（MAR）和自变量家族控制（famcon）的交乘项（famcon_X_MAR）与因变量非连续创新采纳强度（flxcx）：没有显著相关关系。前述假设 P3－5：上市家族企业所在区域越发达，企业非连续创新采纳强度越高，不能够得到验证。

结论：中国上市家族企业通过引入外部战略投资者等方式降低控制权比例，可以有效地提升非连续创新采纳强度。企业规模越大，企业做出非连续创新的意愿越强烈，在非连续创新采纳上的投入可能越大。

3. 检验步骤2：检验自变量家族控制（famcon）和中介变量文化—认知因素（age）的相关性

该步骤设计了四个多元回归模型，并依次在模型中加入自变量和调节变量的交乘项。

采用STATA运算结果如下：

表8－11 STATA结果3－2

	(1)	(2)	(3)	(4)
	age	age	age	age
famcon	25.872＊＊＊	20.900＊＊＊	19.696＊＊＊	20.284＊＊＊
	(5.797)	(5.814)	(5.820)	(5.821)
MAR	－3.252＊＊＊	－3.388＊＊＊	－3.415＊＊＊	－3.621＊＊＊
	(0.972)	(0.965)	(0.963)	(0.967)
size	－0.000	－0.000＊	0.000	0.000
	(0.000)	(0.000)	(0.000)	(0.000)
size_X_MAR	－0.636	0.080	－0.391	－1.397＊
	(0.632)	(0.639)	(0.660)	(0.810)
famcon_X_MAR		－3.995＊＊＊	－3.799＊＊＊	－3.875＊＊＊
		(0.687)	(0.690)	(0.690)
famcon_X_size			－2.886＊＊＊	－2.527＊＊
			(1.017)	(1.030)
famcon_X_size_X_MAR				1.830＊＊
				(0.857)
_cons	186.424＊＊＊	187.875＊＊＊	186.439＊＊＊	189.055＊＊＊
	(17.117)	(16.982)	(16.960)	(16.989)
r2_w	0.880	0.882	0.882	0.883

（续表）

	（1）	（2）	（3）	（4）
F	708.476	688.732	661.428	635.171
Ll	-1.0e+04	-1.0e+04	-1.0e+04	-1.0e+04
chi2				
N	2569.000	2569.000	2569.000	2569.000

注：＊＊＊表示在1%水平上显著，＊＊表示在5%水平上显著，＊表示在10%水平上显著。括号内数字为标准误差。

结果分析：

自变量家族控制（famcon）与中介变量企业文化—认知因素（age）：显著正相关。符合假设P3-2：上市家族企业家族控制越强，企业文化—认知因素越强。假设P3-2成立。

调节效应：

调节变量区域（MAR）和自变量家族控制（famcon）的交乘项（famcon_X_MAR）与中介变量文化—认知因素（age）的相关性：显著负相关。结果表明：调节变量区域的调节效应成立，调节变量区域效应减弱了家族控制对文化—认知因素的正相关关系。前述理论假设P3-6：上市家族企业所在区域越发达，企业的文化—认知因素越弱，得到验证。

调节变量企业规模（size）和自变量家族控制（famcon）的交乘项（famcon_X_size）与中介变量外部资源依赖因素（debt）的相关性：显著负相关。结果表明：调节变量规模的调节效应成立，调节变量规模效应减弱了家族控制对文化—认知因素的正相关关系。前述理论假设P3-7：上市家族企业规模越大，企业的文化—认知因素越弱，得到验证。

4. 检验步骤3：检验家族控制（famcon）与文化—认知因素（age）和非连续创新采纳强度（flxcx）的中介效应模型

该步骤设计了四个多元回归模型，并依次在模型中加入自变量和调节变量的交乘项。

采用STATA运算结果如下：

表 8－12　STATA 结果 3－3

	(1)	(2)	(3)	(4)
	flxcx	flxcx	flxcx	flxcx
famcon	-28.653***	-28.920***	-28.141***	-28.333***
	(8.404)	(8.487)	(8.475)	(8.526)
MAR	1.201	1.278	0.773	0.770
	(1.517)	(1.548)	(1.581)	(1.586)
size	-0.000	-0.000	-0.000	-0.000
	(0.000)	(0.000)	(0.000)	(0.000)
size_X_MAR	-0.076	-0.090	1.932	1.612
	(0.625)	(0.629)	(1.518)	(1.902)
age	7.201	7.348	6.936	6.878
	(4.886)	(4.930)	(4.922)	(4.940)
age2	0.084*	0.086*	0.078*	0.078*
	(0.043)	(0.044)	(0.044)	(0.044)
famcon_X_MAR		0.287	-0.447	-0.464
		(1.079)	(1.187)	(1.192)
famcon_X_size			2.651	2.722
			(1.812)	(1.834)
famcon_X_size_X_MAR				0.458
				(1.634)
_cons	-7.779	-8.833	-2.510	-2.363
	(19.909)	(20.353)	(20.740)	(20.803)
r2_w	0.089	0.089	0.100	0.101
F	1.288	1.194	1.265	1.184
Ll	-808.490	-808.423	-806.377	-806.301
chi2				
N	327.000	327.000	327.000	327.000

注：***表示在 1% 水平上显著，*表示在 10% 水平上显著。括号内数字为标准误差。

结果分析：

中介变量企业文化—认知因素（age）和因变量非连续创新采纳强度（flxcx）：显著正相关。符合假设 P3 - 3：上市家族企业文化—认知因素越强，企业非连续创新采纳强度越高。假设 P3 - 3 成立。同时，在本步骤中，自变量家族控制（famcon）和因变量非连续创新采纳强度（flxcx）：显著负相关。

上述结果，符合中介效应检验的第三个步骤。中介变量文化—认知因素与因变量非连续创新采纳强度显著正相关，同时自变量家族控制又与因变量非连续创新采纳强度具有相关性，说明这是一种不完全的中介效应。主假设 P3：上市家族企业文化—认知因素弱化了家族控制对企业非连续创新采纳强度的负相关关系成立。整个中介效应模型得到验证，并且是不完全中介效应。

综上所述：家族控制与文化—认知因素和非连续创新采纳强度的中介效应模型成立。

假设验证结果如下表：

表 8 - 13　家族控制与文化—认知因素和非连续创新采纳强度的中介效应假设验证

假设	描述	假设关系	验证结果	是否验证
P3	上市家族企业文化—认知因素弱化了家族控制对企业非连续创新采纳强度的负相关关系（不完全中介效应）	不完全中介效应	不完全中介效应	得到验证
P3 - 1	上市家族企业家族控制越强，企业非连续创新采纳强度越低	-	-	得到验证
P3 - 2	上市家族企业家族控制越强，企业文化—认知因素越强	+	+	得到验证
P3 - 3	上市家族企业文化—认知因素越强，企业非连续创新采纳强度越高	+	+	得到验证
P3 - 4	上市家族企业规模越大，企业非连续创新采纳强度越低	-	+	验证相反
P3 - 5	上市家族企业所在区域越发达，企业非连续创新采纳强度越高	+	不显著	不支持
P3 - 6	上市家族企业所在区域越发达，企业的文化—认知因素越弱	-	-	得到验证
P3 - 7	上市家族企业规模越大，企业的文化—认知因素越弱	-	-	得到验证

该中介效应模型具体作用机制如下图所示。

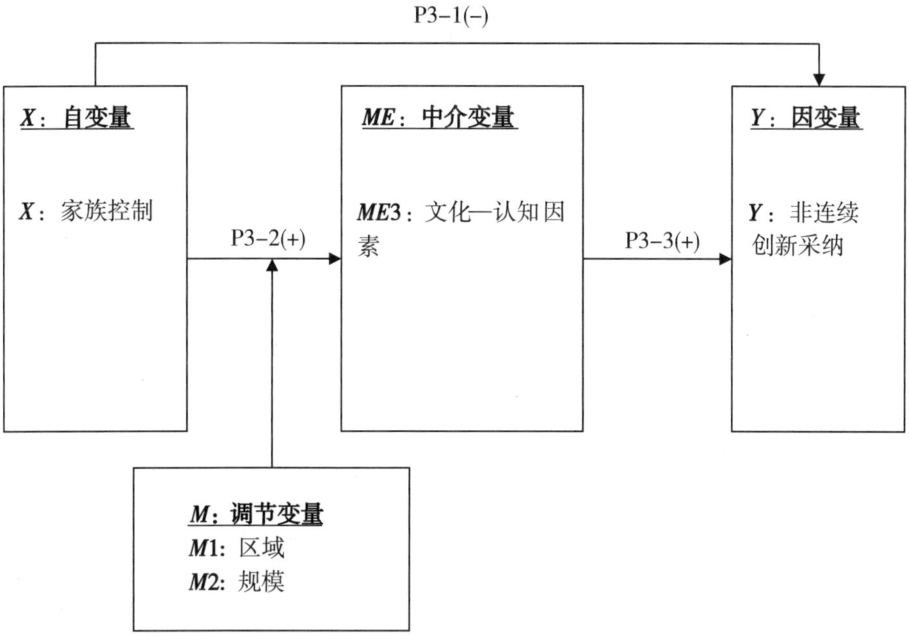

图 8-3　家族控制与文化—认知因素和非连续创新采纳强度的中介效应模型

家族控制与外部资源依赖因素、内部制度因素、文化—认知因素和非连续创新采纳强度的中介效应模型的验证

由前述模型验证分析可以知道，本书提出的三个中介效应模型假设：家族控制与外部资源依赖因素和非连续创新采纳强度的中介效应模型、家族控制与内部制度因素和非连续创新采纳强度的中介效应模型以及家族控制与文化—认知因素和非连续创新采纳强度的中介效应模型均得到验证。

从前述 STATA 的结果可知，本书的总体假设验证结果如下表所示：

表 8-14　家族控制与外部资源依赖因素、内部制度因素、文化—认知因素和非连续创新采纳强度的中介效应假设验证

假设	描述	假设关系	验证结果	是否验证
P1	上市家族企业对外部资源的依赖弱化了家族控制对非连续创新采纳强度的负相关关系（不完全中介效应）	不完全中介效应	不完全中介效应	得到验证

（续表）

假设	描述	假设关系	验证结果	是否验证
P1－1	上市家族企业家族控制越强，企业非连续创新采纳强度越低	－	－	得到验证
P1－2	上市家族企业家族控制越强，企业的外部资源依赖因素越强	＋	＋	得到验证
P1－3	上市家族企业外部资源依赖因素越强，企业非连续创新采纳强度越高	＋	＋	得到验证
P1－4	上市家族企业规模越大，企业非连续创新采纳强度越低	－	＋	验证相反
P1－5	上市家族企业所在区域越发达，企业非连续创新采纳强度越高	＋	不显著	不支持
P1－6	上市家族企业区域越发达，企业对外部资源的依赖因素越强	＋	＋	得到验证
P1－7	上市家族企业规模越大，企业对外部资源的依赖因素越弱	－	－	得到验证
P2	上市家族企业内部制度因素弱化了家族控制对非连续创新采纳强度的负相关关系（不完全中介效应）	不完全中介效应	不完全中介效应	得到验证
P2－1	上市家族企业家族控制越强，企业非连续创新采纳强度越低	－	－	得到验证
P2－2	上市家族企业家族控制越强，企业内部制度因素越强	＋	＋	得到验证
P2－3	上市家族企业内部制度因素越强，企业非连续创新采纳强度越高	＋	＋	得到验证
P2－4	上市家族企业规模越大，企业非连续创新采纳强度越低	－	＋	验证相反
P2－5	上市家族企业所在区域越发达，企业非连续创新采纳强度越高	＋	不显著	不支持
P2－6	上市家族企业规模越大，企业内部制度因素越强	＋	不显著	不支持
P2－7	上市家族企业所在区域越发达，企业内部制度因素越强	＋	不显著	不支持

（续表）

假设	描述	假设关系	验证结果	是否验证
P3	上市家族企业文化—认知因素弱化了家族控制对企业非连续创新采纳强度的负相关关系（不完全中介效应）	不完全中介效应	不完全中介效应	得到验证
P3－1	上市家族企业家族控制越强，企业非连续创新采纳强度越低	－	－	得到验证
P3－2	上市家族企业家族控制越强，企业文化—认知因素越强	＋	＋	得到验证
P3－3	上市家族企业文化—认知因素越强，企业非连续创新采纳强度越高	＋	＋	得到验证
P3－4	上市家族企业规模越大，企业非连续创新采纳强度越低	－	＋	验证相反
P3－5	上市家族企业所在区域越发达，企业非连续创新采纳强度越高	＋	不显著	不支持
P3－6	上市家族企业所在区域越发达，企业的文化—认知因素越弱	－	－	得到验证
P3－7	上市家族企业规模越大，企业的文化—认知因素越弱	－	－	得到验证

于是，家族控制与外部资源依赖因素、内部制度因素、文化—认知因素和非连续创新采纳强度的整体中介效应模型得到验证，中国上市家族企业的外部资源依赖因素、内部制度因素和文化—认知因素弱化了家族控制对企业非连续创新采纳强度的负相关关系（不完全中介效应）。具体来说，一方面，家族控制可以直接对企业的非连续创新采纳强度发生负向的作用机制，同时另一方面，家族控制也可以通过外部资源依赖因素、内部制度因素和文化—认知因素的中介效应对非连续创新的采纳强度发生正向的作用机制。

该中介效应模型的作用机制如下页图所示：

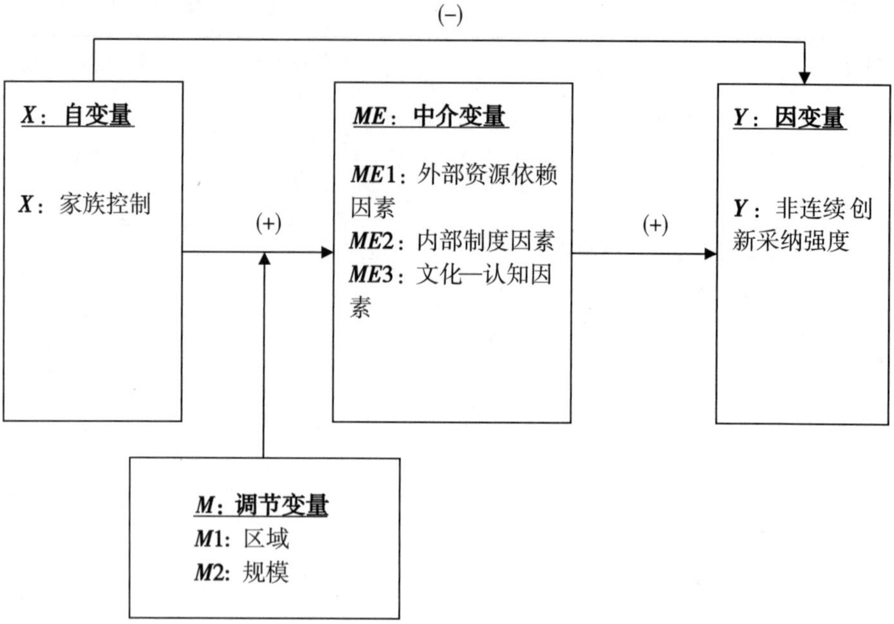

图 8－4　家族控制与外部资源依赖因素、内部制度因素、文化—认知因素和非连续创新采纳强度的中介效应模型

进一步分析，我们发现，中国的上市家族企业在面对非连续创新的采纳和投入上将不得不面对一种两难的境地：

一方面，随着家族控制的增强，家族追求更多地保存现有的财富和更好地进行家族传承，这将限制家族企业在非连续创新上的采纳和投入，从而降低了非连续创新的采纳强度；另一方面，由于中国家族企业所具有的不同于国外家族企业的特点（更短的成立时间、内部改变的空间更大、更为进取的企业文化以及更加进取的企业家精神和外部更加多变的环境），随着家族控制的增强，由于三个中介变量——外部资源依赖因素、内部制度因素和文化—认知因素的中介效应作用机制，家族又倾向于更多地采纳非连续创新和更大地投入，增加非连续创新的采纳强度。这样，在非连续创新的采纳和投入上，中国家族企业将不得不在这种两难的境地下做出平衡。

同时，从以上的数据结果和结论中我们可以发现，中国环境下的家族企业对非连续创新采纳的作用机制和国外成熟环境下家族企业对非连续创新采纳的作用机制相比，存在较大的差异。究其原因，可能存在以下几点：第一，中国的家族企业普遍成立时间都比较短，企业所处的生命周期的阶段相对比较早期，企业更为年轻和更有活力，企业内部的文化也更为的进取，管理层的思维也更加的灵活，企业内部的制度环境因素改变的空间还比较大，企业内部的等级森严、官僚僵化、内部利益派系众多等弱点表现得并不明显；与之相比较，国外家族企业普遍成立时间都很长，很多已经传承了几代，企业的文化相对保守，企业内部思维普遍僵化和保守，管理层的思维也普遍偏保守，企业内部的制度因素已经非常成熟和稳定了，企业内部普遍等级森严、官僚僵化、内部利益派系众多。第二，中国和国外家族企业领导者的企业家精神有很大的差别，中国的家族企业一开始的外部环境就竞争非常激烈，企业在这种环境下脱颖而出甚至上市，一定需要企业家具有非常进取的精神和超人的胆魄；而国外的家族企业普遍都存在很长时间了，当前的内外部环境非常稳定，家族企业的经营者普遍经营风格稳健保守，缺乏变革的精神。第三，当前中国是个转型升级急剧变革的社会，中国的家族企业所面临的外部环境非常多变，企业在这种环境下生存需要很强的适应能力和应变能力，同时也需要经常做出较大或根本性的变革，而国外的家族企业所面临的外部环境普遍比较成熟稳定，企业比较安于现状，缺乏变革的动力。

正是中外家族企业在企业内在动力和外在环境上的巨大差异，造成了中外家族企业在非连续创新采纳的作用机制上的较大的差异。

小结

本章在分析实证研究结果的基础之上，采用中介效应模型中的依次检验法，分别对家族控制与外部资源依赖因素和非连续创新采纳强度的中介效应模型、家族控制与内部制度因素和非连续创新采纳强度的中介效应模型以及家族控制与文化—认知因素和非连续创新采纳强度的中介效应模型做了实证检验，检验结果验证了本书提出的关键假设，本书提出的上市家族企业非连续创新采纳强度的影响机制模型得到验证。最后，对中国环境下的家族企业对非连续创新采纳的作用机制和国外成熟环境下的家族企业对非连续创新采纳的作用机制相比存在较大差异的原因做了探讨，并描述了中国上市家族企业在面对非连续创新采纳时面临的一种两难境地。

第9章 结论、建议、局限及未来展望

研究结论

本书在前人理论的基础上，基于家族控制权和企业环境的视角，探讨了企业非连续创新理论，提出了上市家族企业非连续创新采纳强度的影响机制模型。具体来说，家族控制与外部资源依赖因素、内部制度因素、文化—认知因素构成了完整的中国上市家族企业非连续创新采纳强度的中介效应模型。该中介效应模型包括：中国上市家族企业外部资源依赖因素弱化了家族控制对企业非连续创新采纳强度的负相关关系（不完全中介效应）、中国上市家族企业内部制度因素弱化了家族控制对企业非连续创新采纳强度的负相关关系（不完全中介效应）、中国上市家族企业文化—认知因素弱化了家族控制对企业非连续创新采纳强度的负相关关系（不完全中介效应）。从结论中可以发现，中国上市家族企业的非连续创新采纳影响机制和国外的相比存在较大的差异，而且中国上市家族企业在面对非连续创新采纳时，存在一种两难的境地。具体如下：

1. 家族控制对企业非连续创新采纳强度有负向的影响，即随着家族控制的增强，家族企业在非连续创新采纳上的投入越小，企业的非连续创新采纳强度也越低。

2. 外部资源依赖因素、内部制度因素和文化—认知因素是家族控制对中国上市家族企业非连续创新采纳强度影响关系的有效中介机制，即家族控制一方面可以直接影响家族企业的非连续创新采纳强度；另一方面也可以通过外部资源依赖因素、内部制度因素和文化—认知因素的传递对家族企业的非连续创新采纳强度产生影响。随着家族控制的增强，家族在企业中的控制权比例越高，家族企业对外部资源的依赖因素、企业的内部制度因素以及文化—认知因素也都将得到增强，而随着企业外部资源依赖因素、内部制度因素以及文化—认知因素的增强，家族企业倾向于增加在非连续创新采纳上的投入，企业的非连续创新采纳强度也得到增强，也就是说，家族企业的外部资源依赖因素、内部制度因素和文化—认知因素弱化了家族控制对企业非连续创新采纳强度的负相关关系。

3. 企业规模减弱了家族控制对家族企业非连续创新采纳强度的负向影响；企业规模减弱了家族控制对外部资源依赖因素、文化—认知因素的正向影响；区域增强了家族控制对外部资源依赖因素的正向影响，减弱了家族控制对文化—认知因素的正向影响。即随着家族企业规模的扩大，企业倾向于增加在非连续创新采纳上的投入，企业的非连续创新采纳强度得到增强；随着家族企业规模的扩大，家族企业对外部资源的依赖以及家族企业的文化—认知因素都随之减弱；而随着家族企业所在的区域越发达，家族企业对外部资源的依赖得到增强，但是企业的文化—认知因素却得到削弱。

4. 中国环境下的家族企业非连续创新采纳的影响机制和国外的相比存在较大的差异。存在这种差异的原因来自于中国家族企业成立时间普遍较短，企业更为年轻和富有朝气，企业内部的文化也更加进取，企业内部的思维模式也更加灵活；同时，中国的家族企业所面临的环境也更加多变，竞争也更加激烈，企业需要更强的适应能力；更为重要的是，在长期激烈竞争环境下的中国家族企业领导者更加积极进取，也更愿意做出变革。

5. 中国上市家族企业的决策者在非连续创新的采纳上将不得不在一种两难的境地下做出平衡：一方面，随着家族控制的增强，家族追求更多地保存现有的财富和更好地进行家族传承，这将限制家族企业在非连续创新上的采纳和投入，从而降低了非连续创新的采纳强度；另一方面，由于中国和国外的家族企业内外环境的不同，随着家族控制的增强，影响家族企业非连续创新采纳的三个中介因素——外部资源依赖因素、内部制度因素和文化—认知因素也将获得加强，这将增加企业在非连续创新采纳上的投入，提高企业的非连续创新采纳强度。家族企业需要在这两者之间做出选择和平衡。

理论贡献

本研究的第一个理论贡献是，本书在总结国内外文献的基础上，结合制度理论和资源依赖理论，基于家族控制权和企业环境的视角，构建了完整的上市家族企业非连续创新采纳强度的影响机制中介效应模型，为后续在非连续创新上的研究做出了有益的探索，并提供了可以借鉴的理论支撑，丰富了非连续创新理论和家族理论。

本研究的第二理论贡献是，当前学术界在非连续创新上的研究还处于探索的阶段，现有的研究大多停留在理论分析的层面，实证方面的研究还较少，尤其对于中国这种急剧变化的复杂环境下的非连续创新的实证研究就更少了，本书创造的研究方案为后续在非连续创新上的实证研究提供了可以借鉴的方法。

本研究的第三个理论贡献是，本书提供的模型为后续在中国这一复杂环境下继续从事非连续创新研究的研究者提供了可参考的理论模型，将有助于国内的非连续创新领域的后续研究。

政策建议

本研究建立了中国环境下的上市家族企业非连续创新采纳强度的影响机制模型。通过这一模型，可以提供如下的政策建议：

1. 本书提出的中国环境下，家族控制越强，家族企业非连续创新采纳强度越低，企业在非连续创新采纳上的投入越少。可以提供现实指导意义的是：中国上市家族企业通过引入外部战略投资者等方式降低控制权比例，可以有效地提升企业非连续创新的采纳强度，增加在非连续创新采纳上的投入。

2. 本书提出的中国环境下，上市家族企业对外部资源的依赖弱化了家族控制对企业非连续创新采纳强度的负相关关系。可以提供现实指导意义的是：上市家族企业通过增加对外部资源的依赖，如增加负债可以有效地提升企业非连续创新采纳强度，增加在非连续创新采纳上的投入。

3. 本书提出的中国环境下，上市家族企业内部制度因素弱化了家族控制对企业非连续创新采纳强度的负相关关系。可以提供现实指导意义的是：上市家族企业内部制度因素的加强可以提升非连续创新采纳强度，中国家族企业可以通过内部制度建设来提升非连续创新采纳强度，增加在非连续创新采纳上的投入。

4. 本书提出的在中国环境下，上市家族企业文化—认知因素弱化了家族控制对企业非连续创新采纳的负相关关系。可以提供现实指导意义的是：上市家族企业对文化—认知的认可提升了非连续创新采纳强度，企业可以通过文化建设，加强员工对企业的认可和提高企业的凝聚力来提升企业的非连续创新采纳强度，增加在非连续创新采纳上的投入。

5. 中国的家族企业在非连续创新的采纳和投入上，面临一种两难的境地。中国的家族企业决策者应该有效地发挥中国家族企业相较于国外家族企业的优势，这些优势包括更加年轻、更有活力、思维更加活跃、更加积极进取、更有拓展性的企业家精神，在中国转型升级的大浪潮中更有效地采纳和投入非连续创新。

研究局限

本书中的研究还存在一些局限。第一，本书的研究时间界定于 2008—2012 年。实际上，企业的转型升级更多地发生于近期，限于数据收集，本书采用了 2008—2012 年的数据。未来研究可以更多地收集近期的数据已获得更多的有效面板数据，为分析研究提供更好的支撑。第二，由于理论水平的局限，本书在理论上的探索可能还有不完善的地方。考虑到本书探讨研究的视角为后续对非连续创新采纳的研究提供了有益的尝试，后来者可以继续尝试结合制度理论和资源依赖理论，从控制权和企业环境融合的视角做更深入的探讨。第三，由于数据收集的原因，本书采集的数据仅限于上市公司数据，而某些中国的非上市公司可能更具有家族企业的代表性，后来者条件许可，可以考虑采集中国非上市公司的数据进行探讨。第四，由于本书采集的数据在国内，后来者可以考虑采集国外的家族企业数据，应用本书提供的理论模型做实证研究分析，将对于丰富本书提出的理论模型提供很好的帮助。第五，囿于理论水平的局限，本书提出的影响企业非连续创新采纳的三种中介因素可能分析得还不够全面，后续研究者可以考虑借鉴这一模型，对三种中介因素做更加深入的探讨。第六，对于非连续创新的采纳有四种对应的状态：采纳速度、采纳强度、采纳持续性和采纳灵活性，囿于数据收集的限制，本书仅考察了非连续创新采纳强度，后续研究者可以考虑借鉴本书提供的研究模型，从非连续创新采纳的其他角度来做深入的研究，对于丰富本书的理论模型有很好的意义。

未来展望

本书研究的未来展望如下：第一，企业非连续创新采纳的关键因素模型中，外部资源依赖因素、内部制度因素和文化—认知因素处于企业环境系统的不同层面，其地位是不一样的。其中，文化—认知因素处于最深层次，内部制度因素处于中间层次，而外部资源依赖因素处于最外层次，后续研究者可以借鉴这一理论框架模型，研究上述三种关键因素对企业非连续创新采纳的具体作用机制有什么异同，有没有优先级分别。第二，中国和国外的家族企业在非连续创新采纳上的作用机制存在差异，这种差异来自中外家族企业内外环境的差异，后续可以就这种差异在非连续创新采纳上的传导机制做更加深入地探讨。第三，本研究采用的数据来自中国上市家族企业 2008—2012 年的数据，后续可以采用更广泛的样本数据，如非上市企业的数据或近期的数据，以对理论模型有更加全面的验证，且更具时代性。第四，本研究的理论模型假设及验证基于中国的环境，该理论模型在其他的新兴市场国家是否也成立，还是作用和传导机制存在差异，这个是后续研究中可能令人感兴趣的课题。

参考文献

[1]ALBROW M. Bureaucracy[M]. New York: Praeger, 1970.

[2]ALDRICH H E. Organizations and environments[M]. Upper Saddle River, NJ: Prentice Hall, 1979.

[3]ALDRICH H E, JEFFREY P. Environments of organizations[J]. Annual review of sociology, 1976 (2): 79-105.

[4]ALEXANDER J C. Theoretical logic in sociology[M]. Berkeley: University of California Press, 1983: 1-4.

[5]ALLEN W T. Our schizophrenic conception of the business corporation[J]. Cardozo law review, 1992 (14): 261-281.

[6]ANDERSON P, TUSHMAN M L. Technological discontinuities and dominant designs: a cyclical model of technological change [J]. Adminstrative science quarterly, 1990, 35 (3): 604-633.

[7] ARREGLE J L, HITT M A, SIRMON D G, et al. The development of organizational social capital: attributes of family firms[J]. Journal of management studies, 2007 (44): 73-95.

[8]ARROW K J. The limits of organization[M]. New York: Norton, 1974.

[9] BAKER W E. Market networks and corporate behavior [J]. American journal of sociology, 1990 (96): 589-625.

[10]BAKER W E, FAUIKNER R R. Role as resource in the Hollywood film industry[J]. American journal sociology, 1991 (97): 279-309.

[11] BARON J N. Organizational perspectives on stratification [J]. Annual review of sociology, 1984 (10): 37-69.

[12] BARR P S, STIMPERT J L, HUFF A S. Cognitive change, strategic

action, and organizational renewal [J]. Strategic management journal, 1992, 13 (Special Issue): 15 - 36.

[13] BARON D N. The structuring of organizational populations [J]. American sociological review, 1999 (64): 421 - 445.

[14] BARTLETT C A, GHOSTHAL S. Managing across borders: the transnational solution [M]. Boston: Harvard Business School Press, 1989.

[15] BAUM J A C, AMBURGEY T L. Organizational ecology in the blackwell companion to organizations [M]. Oxford: Blackwell, 2002: 304 - 326.

[16] BENIGER J R. The control revolution: technological and economic origins of the information society [M]. Cambridge, MA: Harvard University Press, 1986.

[17] BENNER M J. The incumbent discount: stock market categories and response to radical technological change [J]. Academy of management review, 2007 (32): 703 - 720.

[18] BENNER M J. Securities analysts and incumbent response to radical technological change: evidence from digital photography and internet telephony [J]. Organization science, 2010 (21): 42 - 62.

[19] BENNIS W G. Leadership theory and administrative behavior [J]. Administrative science quarterly, 1959 (4): 259 - 301.

[20] BERGER P L, LUCKMANN T. The social construction of reality [M]. New York: Doubleday, 1967.

[21] BERRONE P, CRUZ C, GÓMEZ-MEJÍA L R, et al. Socioemotional wealth and corporate responses to institutional pressures: do family-controlled firms pollute less [J]. Administrative science quarterly, 2010 (55): 82 - 113.

[22] BESSANT J, LAMMING R, NOKE H, et al. Managing innovation beyond the steady state [J]. Technovation, 2005, 25 (6): 1366 - 1376.

[23] BLAKE R R, MOUTON J S. The managerial grid [M]. Houston: Gulf, 1964.

[24] BOWER J L, GILBERT C. Manage resource allocation to craft strategy [J]. Working paper-Harvard business school, New Haven, CT, 2006.

[25] BROWN G W. Globalization is what we make of it: contemporary globalization theory and the future construction of global interconnection [J]. Political studies review, 2008, 6 (1): 42 - 53.

[26] BROWN J S, PAUL D. Organizing knowledge [J]. California management

review, 1998 (40): 90 - 111.

[27]JOSEF B, PREISENDOFER P, ZIELER R. Survival chances of newly founded business organizations[J]. American sociological review, 1992 (57): 227 - 242.

[28] BURGELMAN R A, GROVE A S. Strategy dissonance [J]. California management review, 1996, 38 (2): 8 - 28.

[29]BURGESS J W. Political science and comparative constitutional law[M]. Boston: Ginn, 1902.

[30]CALLAHAN R E. Education and cult of efficiency[M]. Chicago: The University of Chicago Press, 1962.

[31] CAMERON K S, WHETTEN D A. Organizational effectiveness: a comparison of multiple[M]. New York: Academic Press, 1983.

[32]CARNEY M. Corporate governance and competitive advantage in family-controlled firms[J]. Entrepreneurship theory and practice, 2005 (29): 249 - 265.

[33]DORWIN C. Influence, leadership, control in handbook of organizations [M]. Chicago: Rand McNally, 1965: 1 - 47.

[34]CHAFFEE E E. Three models of strategy[J]. Academy of management review, 1985 (10): 89 - 98.

[35]CHASE R B, TANSIK D A. The customer contact model for organization design[J]. Management science, 1983 (29): 1037 - 1050.

[36] CHESBROUGH H W. Assembling the elephant: a review of empirical studies on the impact of technical change upon incumbent firms. Research on technological innovation, management and policy[M]. 7th ed. Greenwich, CT: JAI Press, 2001: 1 - 36.

[37]CHILD J. Organizational structure, environment and performance: the role of strategic choice[J]. Sociology, 1972 (6): 1 - 22.

[38]CHRISTENSEN C M, BOWER J L. Customer power, strategic investment, and the failure of leading firms[J]. Strategic management journal, 1996 (17): 197 - 218.

[39] CHRISTENSEN C M. The innovator's dilemma[M]. Boston: Harvard Business School Press, 1997.

[40] COMMONS J R. Legal foundations of capitalism [M]. New York: Macmillan, 1924.

[41]COOLEY C H. Social organization[M]. Glencoe IL: Free Press, 1956.

[42] COSER L. The functions of social conflict [M]. Glencoe, IL: Free Press, 1956.

[43] CRUZ C C, GÓMEZ-MEJÍA L R, BECERRA M. Perceptions of benevolence and the design of agency contracts: CEO-TMT relationships in family firms [J]. Academy of management journal, 2010 (53): 69 - 89.

[44] DACIN M, TINA D, JERRY G, et al. Institutional theory and institutional change[J]. Academy of management journal, 2002 (45): 45 - 56.

[45] RICHARD L D. The evolution of organization analysis in ASQ, 1959—1979[J]. Administrative science quarterly, 1980, (25): 623 - 636.

[46] DALTON M. Conflicts between staff and line managerial officers [J]. American sociological review, 1950, (15): 342 - 351.

[47] TERRENCE E D, ALLAN A K. Corporate cultures[M]. Reading, MA: Addison-Wesley, 1982.

[48] PAUL J D. Interest and agency in institutional theory in institutional patterns and organizations: culture and environment [M]. 3 - 21st ed. Cambridge, MA: Ballinger, 1988.

[49] EHRMBERG E. On the definition and measurement of technological discontinuities[J]. Technovation, 1995, 15 (7): 437 - 452.

[50] RICHARD F E. Organizational models of social program implementation [J]. Public policy, 1978, 26 (Spring): 185 - 228.

[51] PETER B E. Development as institutional change: the pitfalls of monocropping and the potentials of deliberation[J]. Studies in comparative international development, 2004, 38 (4): 30 - 52.

[52] FELDMAN M S, PENTLAND B T. Reconceptualizing organizational routines as a source of flexibility and change[J]. Administrative science quarterly, 2003 (48): 94 - 118.

[53] FISS P C, ZAJAC E J. The diffusion of ideas over contested terrain: the (non) adoption of a shareholder value orientation among German firms [J]. Administrative science quarterly, 2004 (49): 501 - 534.

[54] FOSTER R N. Innovation-the attackerps advantage[M]. Boston: Mckinsey and Company, 1986. 187 - 195.

[55] FELDMAN M S, PENTLAND B T. Reconceptualizing organizational

routines as a source of flexibility and change[J]. Administrative science quarterly, 2003 (48): 94 - 118.

[56] GARCIA R, CALAN O R. A critical look at technological innovation typology and innovativeness terminology: a literature review[J]. Journal of product innovation management, 2002, 19 (1): 110 - 132.

[57] GEERTZ G. The interpretation of cultures [M]. New York: Basic Books, 1973.

[58] GILBERT C G. Unbundling the structure of inertia: resource versus routine rigidity[J]. Academy of management journal, 2005 (48): 741 - 763.

[59] GÓMEZ-MEJÍA L R, NÛÑEZ-NICKEL M, GUTIERREZ I. The role of family ties in agency contracts[J]. Academy of management journal, 2001 (44): 81 - 95.

[60] GÓMEZ-MEJÍA L R, TAKÁCS HAYNES K, NÛÑEZ-NICKEL M, et al. Socioemotional wealth and business risks in family-controlled firms: evidence from Spanish olive oil mills[J]. Administrative science quarterly, 2007 (52): 106 - 137.

[61] GOODSTEIN J. Institutional pressures and strategic responsiveness: employer involvement in work-family issues [J]. Academy of management journal, 1994, 37 (2): 350 - 382.

[62] GRANT R M. Prospering in dynamically competitive environment: organizational capability as knowledge integration[J]. Organization science, 1996, 7 (4): 375 - 387.

[63] GREENWOOD R, HININGS C R. Understanding strategic change: the contribution of archetypes[J]. Academy of management journal, 1993 (36): 1022 - 1054.

[64] HABBERSHON T G, WILLIAMS M L. A resource-based framework for assessing the strategic advantages of family firms[J]. Family business review, 1999 (12): 1 - 25.

[65] HALL R H. Organizations: structures, processes, and outcomes [M]. 7th ed. Upper Saddle River, NJ: Prentice Hall, 1999.

[66] HANNAN M T, FREEMAN J. Structural inertia and organizational change [J]. American sociological review, 1984 (49): 149 - 164.

[67] HANNAN M T, FREEMAN J. The population ecology of organizations[J]. American journal of sociology, 1977 (82): 929 - 964.

[68] HARGADON A, ROBERT I S. Technology brokering and innovation in a

product development firm[J]. Administrative science quarterly, 1997 (42): 716-749.

[69] HATUM A, PETTIGREW A M, MICHELINI J. Building organizational capabilities to adapt under turmoil[J]. Journal of change management, 2010 (10): 257-274.

[70] HAUGH H M, MCKEE L. "It's just like a family": shared values in the family firm[J]. Community, work & family, 2003 (6): 141-158.

[71] HAWLEY A H. Human ecology: international encyclopedia of the social sciences[M]. New York: Macmillar, 1968: 328-337.

[72] HENNART J, LARIMO J. The impact of culture on the strategy of multinational enterprises: does national origin affect ownership decisions[J]. Journal of international business studies, 1998, 29 (3): 515-538.

[73] HILL C W, ROTHAERMEL F T. The performance of incumbent firms in the face of radical technological innovation[J]. Academy of management review, 2003 (28): 257-274.

[74] HOBSBAWN E, TERENCE R. The invention of tradition [M]. Cambridge: Cambridge University Press, 1983.

[75] HOCHSCHILD A R. The managed heart: commercialization of human feeling[M]. Berkeley: University of California Press, 1983.

[76] HOFFMAN J, HOELSCHER M, SORENSON R. Achieving sustained competitive advantage: a family capital theory [J]. Family business review, 2006, 19 (2): 135-145.

[77] HUFF J O, HUFF A S, THOMAS H. Strategic renewal and the interaction of cumulative stress and inertia[J]. Strategic management journal, 1992 (13): 55-75.

[78] Institute for Private Investors. Change is the only constant [EB/OL]. (2010-03-28). https://www.memberlink.net/.

[79] JAFFE D, BROWN F. From entitlement to stewardship: how a prosperous family can prepare the next generation[J]. The journal of wealth management, 2009, 11 (4): 11-28.

[80] JOHNSON H. Watching over the family fortune Barron's online [EB/OL]. (2011-06-01). http://online.barrons.com/article/SB125935862713467097.html.

[81] JAMES H S. Owner as manager, extended horizons, and the family firm [J]. International journal of the economics of business, 1999, 6 (1): 41-55.

[82] KAPLAN S. Framing contests: strategy making under uncertainty [J]. Organization science, 2008 (19): 729 -752.

[83] KAPLAN S. Research in cognition and strategy: reflections on two decades of progress and a look to the future[J]. Journal of management studies, 2011 (48): 665 -695.

[84] KAPLAN S, TRIPSAS M. Thinking about technology: applying a cognitive lens to technical change[J]. Research policy, 2008 (37): 790 -805.

[85] KARRA N, TRACEY P, PHILLIPS N. Altruism and agency in the family firm: exploring the role of family, kinship, and ethnicity [J]. Entrepreneurship theory and practice, 2006, 30 (6): 861 -877.

[86] KELLERMANNS F W, EDDLESTON K, BARNETT T, et al. An exploratory study of family member characteristics and involvement: effects on entrepreneurial behavior in the family firm[J]. Family business review, 2008 (21): 1 -14.

[87] KÖNIG A, KAMMERLANDER N, ENDERS A. The family innovator's dilemma: how family influence affects the adoption of discontinuous technologies by incumbent firms[J]. Academy of management review, 2013, 38 (3): 418 -441.

[88] KÖNIG A, SCHULTE M, ENDERS A. Inertia in response to non-paradigmatic change: the case of meta-organizations [J]. Research policy, 2012 (41): 1325 -1343.

[89] KOR Y Y, MAHONEY J T, MICHAEL S C. Resources, capabilities and entrepreneurial perceptions[J]. Journal of management studies, 2007, 44 (7): 1187 -1212.

[90] KORTEN D C. When corporations rule the world [M]. 2nd ed. San Francisco: Berrett-koehler, 2001.

[91] KRUEGER N F. What lies beneath? the experiential essence of entrepreneurial thinking[J]. Entrepreneurship theory & practice, 2007, 31 (11): 123 -138.

[92] LE BRETON-MILLER I, MILLER D, LESTER R H. Stewardship or agency? a social embeddedness reconciliation of conduct and performance in public family businesses[J]. Organization science, 2011, 22 (3): 704 -721.

[93] LEE K S, LIM G H, LIM W S. Family business succession: appropriation risk and choice of successor[J]. Academy of management review, 2003 (28): 657 -666.

[94]LEE M S, ROGOFF E G. Research note: comparison of small businesses with family participation versus small businesses without family participation: an investigation of differences in goals, attitudes, and family/business conflict [J]. Family business review, 1996 (9): 423 -437.

[95]LEIFER R, MCDERMOTT C M, COLARELLI O, et al. Radical innovation: how mature companies can outsmart upstarts[M]. [S. l. : s. n.], 2000.

[96] LITZ R. The family business: toward definitional clarity [J]. Family business review, 1995 (8): 71 -81.

[97]LOEWENSTEIN G, THALER R H. Anomalies: intertemporal choice[J]. Journal of economic perspectives, 1989 (3): 181 -193.

[98] LÜSCHER L S, LEWIS M W. Organizational change and managerial sensemaking: working through paradox[J]. Academy of management journal, 2008 (51): 221 -240.

[99] LU Y, TSANG E, PENG M. Knowledge management and innovation strategy in the Asia Pacific: toward an institution-based view[J]. Asia Pacific journal of management, 2008, 25 (3): 361 -374.

[100]LYNN G S, MORONE J G, PAULSON A S. Marketing and discontinuous innovation: the probe and learn process[J]. California management review, 1996, 38 (3): 8 -37.

[101] MARCH J G. Handbook if organizations [M]. Chicago: Rand McNally, 1965.

[102]MARCH J G. Decisions and organizations[M]. Oxford: Basil Blackwell, 1988.

[103]MARSDEN P M. Network data and measurement[J]. Annual review of sociology, 1990 (16): 435 -463.

[104]MARSHALL A. Principles of economics[M]. London: Macmillan, 1890.

[105]MCKELVEY B. Organizational systematics[M]. Berkeley: University of California Press, 1982.

[106]MCEACHERN W. Managerial control and performance[M]. Lexington, MA: Heath, 1975.

[107] MECHANIC D. Sources of power of lower participants in complex organizations[J]. Administrative science quarterly, 1962 (23): 65 -90.

[108] MEYER J W. The effects of education as an institution[J]. American journal of sociology, 1977 (83): 55 -77.

[109] MEYERSON D. Tempered radicals: how people use difference to inspire change at work[M]. Boston: Harvard Business School Press, 2001.

[110] MICKLETHWAIT J, ADRIAN W. The company: a short history of a revolutionary idea[M]. London: Phoenix, 2003.

[111] MILGRAM S. The small world problem[J]. Psychology today, 1967 (22): 61 -67.

[112] MILLER D, LE BRETON-MILLER I. Family governance and firm performance: agency, stewardship, and capabilities[J]. Family business review, 2006 (19): 73 -87.

[113] MILLER D, LE BRETON-MILLER I. Managing for the long run: lessons in competitive advantage from great family businesses[M]. Boston: Harvard Business School Press, 2005.

[114] MILLER D, LE BRETON-MILLER I. Management insights from great and struggling family businesses[J]. Longrange planning, 2005 (38): 517 -530.

[115] MILLER D, LE BRETON-MILLER I, LESTER R H, et al. Are family firms really superior performers? [J]. Journal of corporate finance, 2007 (13): 829 -858.

[116] MILLER E J, RICE A K. Systems of organizations[M]. London: Tavistock, 1967.

[117] MISHRA C S, MCCONAUGHY D L. Founding family control and capital structure: the risk of loss of control and the aversion of debt[J]. Entrepreneurship theory and practice, 1999 (23): 53 -64.

[118] MORCK R, SHLEIFER A, VISHNY R W. Management ownership and market valuation[J]. Journal of financial economics, 1988 (20): 293 -315.

[119] MORCK R, YEUNG B. Agency problems in large family business groups [J]. Entrepreneurship theory and practice, 2003, 27 (4): 367 -383.

[120] MORTON M S S. The corporation of the 1990s: information technology and organizational transformation[M]. New York: Oxford University Press, 1991.

[121] NELSON R R, WINTER S G. An evolutionary theory of economic change [M]. Boston: Harvard University Press, 1982.

[122] NOKE H, PERRONS R K, HUGHES M. Strategic alliances as an enabler

for discontinuous innovation in slow clockspeed industries: evidence from the oil and gas industry[J]. R&D management, 2008, 38 (2): 129 - 139.

[123]NORTH D C. Institutions, institutional change and economic performance [M]. Cambridge: Cambridge University Press, 1990.

[124] OLIVER C. Sustainable competitive advantage: combining institutional and resource-based views [J]. Strategic management journal, 1997, 18 (9): 697 - 713.

[125]OLIVER C. Strategic response to institutional processes[J]. Academy of management review, 1991 (16): 145 - 179.

[126]OLIVER C. Strategic responses to institutional processes[J]. Academy of management review, 1991, 16 (1): 145 - 179.

[127] OLLEROS F J. Emerging industries and the burnout of pioneers [J]. Journal of product innovation management, 1986, 1 (2): 5 - 18.

[128]ORLIKOWSKI W J. The duality of technology: rethinking the concept of technology in organizations[J]. Organization science, 1992 (3): 398 - 427.

[129]PEARSON A W, MARLER L E. A leadership perspective of reciprocal stewardship in family firms [J]. Entrepreneurship theory and practice, 2010, 34 (6): 1117 - 1124.

[130]PENG M, SUN S, PINKHAM B, et al. Institution-based view as a third leg for a strategy tripod [J]. Academy of management perspectives, 2009 (1): 63 - 81.

[131]PERROW C. The analysis of goals in complex organizations[J]. American sociology review, 1961 (26): 854 - 66.

[132] PFEFFER J, SALANCIL G. The external control of organizations: a resource dependence perspective[M]. New York: Harper and Row, 1978.

[133] PHILLIP W, LAMMING R, BESSANT J, et al. Discontinuous innovation and supply relationships: strategic alliances [J]. R&D management, 2006, 36 (4): 451 - 461.

[134]PISSARIDES F. Is lack of funds the main obstacle to growth? EBRD's experience with small and medium-sized businesses in central and eastern Europe[J]. Journal of business venturing, 1999 (14): 519 - 539.

[135] PODOLNY J M. A status-based model of market competition [J]. Amercian journal of sociology, 1993 (98): 829 - 872.

[136] POWELL W W. Expanding the scope of institutional analysis in the new institutionalism in organizational analysis[M]. Chicago: University of Chicago Press. 1991: 183 - 203

[137] POWELL W W, DIMAGGIO P. The new institutionalism in organizational analysis[M]. Chicago: University of Chicago Press, 1991.

[138] RAO B, ANGELOV B. Fusion of disruptive technologies: lessons from the skype case[J]. European management journal, 2006 (24): 174 - 188.

[139] ROLAND G. Understanding institutional change: fast-moving and slow-moving institutions [J]. Studies in comparative international development, 2004 (38): 109 - 31.

[140] SAINIO L M, PUUMALAINEN K. Evaluating technology disruptiveness in a strategic corporate context: a case study [J]. Technological forecasting & social change, 2007, 74 (8): 1315 - 1333.

[141] SCHULZE W S, LUBATKIN M H, DINO R N. Exploring the agency consequences of ownership dispersion among the directors of private family firms[J]. Academy of management journal, 2003 (46): 179 - 194.

[142] SCOTT R. Institutions and organizations: ideas and interests[M]. 3rd ed. Thousand Oaks, CA: Sage, 2008.

[143] SCOTT W R. Institutions and organizations [M]. 2nd ed. Thousands Oaks, CA: Sage, 2001.

[144] SHIEIFER A, VISHNY R W. A Survey of corporate governance [J]. Journal of finance. 1997 (52): 737 - 783.

[145] SIRMON D G, ARREGLE J L, HITT M A, et al. The role of family influence in firms' strategic responses to threat of imitation [J]. Entrepreneurship theory and practice, 2008 (32): 979 - 998.

[146] SIRMON D G, HITT M A. Managing resources: linking unique resources, management, and wealth creation in family firms [J]. Entrepreneurship theory and practice, 2003 (27): 339 - 358.

[147] SMALLBONE D, WELTER F. The role of government in SME development in transition economies[J]. International small business, 2001 (19): 63 - 77.

[148] STAFFORD K, DUNCAN K A, DANE S, et al. A research model of

sustainable family businesses[J]. Family business review, 1999 (12): 197 -208.

[149]SYDOW J, SCHREYÖGG G, KOCH J. Organizational path dependence: opening the black box[J]. Academy of management review, 2009 (34): 689 -709.

[150]TAGIURI R, DAVIS J. Bivalent attributes of the family firm[J]. Family firms review, 1996 (9): 199 -208.

[151]THOMAS J B, CLARK S M, GIOIA D A. Strategic sensemaking and organizational performance linkages among scanning, interpretation, action, and outcomes[J]. Academy of management journal, 1993 (36): 239 -270.

[152]TRIPSAS M, GAVETTI G. Capabilities, cognition and inertia: evidence from digital imaging[J]. Strategic management journal, 2000 (21): 1147 -1161.

[153]TUSHMAN M L, ANDERSON P. Technological discontinuities and organizational environments[J]. Administrative science quarterly, 1986, 31 (2): 439 -465.

[154]TUSHMAN M L, NEWMAN W H, ROMANELLI E. Convergence and upheaval: anaging the unsteady pace of organizational evolution [J]. California management review, 1986, 29 (1): 29 -44.

[155]TUSHMAN M L, SMITH W, WOOD R, et al. Innovaton streams and ambidexrous organizational designs: on building dynamic capabilities[J]. Working paper no. 3 -106. Boston: Havard Business School, 2003.

[156]ULRICH D, BARNEY J B. Perspectives in organizations: resource dependence, efficiency, and population [J]. Academy of management review, 1984, 9 (3): 471.

[157]WEBER M. Economy and society: an interpretive sociology[M]. New York: Bedminister Press, 1924.

[158]WILLIANMSON O E. Transaction cost economics and organization theory in the handbook of economic sociology[M]. Princeton: Princenton University Press and Russell Sage Foundation, 1994: 77 -107.

[159]WILSON E. Consilience: the unity of knowledge[M]. [S.l.: s.n.], 1998.

[160]WILSON J Q. Bureaucracy: what government agencies do and why they do it [M]. Basic Books, 2000.

[161]XU D, SHENKAR O. Institutional distance and the multinational enterprise [J]. Academy of management review, 2002, 27 (4): 608 -618.

[162] ZAHRA S A. Harvesting family firms' organizational social capital: a relational perspective[J]. Journal of management studies, 2010 (47): 345 - 366.

[163] ZEY M. Banking on fraud: drexel, junk bonds, and buyouts [M]. Transaction Publishers, 1993.

[164] ZUCKERMAN E W. The categorical imperative: securities analysts and the illegitimacy discount[J]. American journal of sociology, 1999, 104 (5): 1398 - 1438.

[165]布莱尔. 共同的所有权[J]. 经济社会体制比较, 1995 (3).

[166]陈振, 严良, 谢雄标. 资源型产业集群演化的外部资源依赖因素分析[J]. 中国人口、资源与环境, 2011 (4): 153 - 157.

[167]窦军生, 贾生华. 家族企业界定方法评述[J]. 外国经济与管理, 2004, 26 (9): 21 - 24.

[168]樊纲, 王小鲁. 中国市场化指数——各地区市场化相对进程报告[M]. 北京: 经济科学出版社, 2009.

[169]樊纲, 王小鲁, 马光荣. 中国市场化进程对经济增长的贡献[J]. 经济研究, 2011 (9): 4 - 16.

[170]冯军政, 刘洋, 魏江. 如何驱动不连续创新: 组织学习视角的案例研究[J]. 科研管理, 2013, 34 (4).

[171]姜黎辉, 张朋柱, 龚毅. 不连续技术创新研究回顾与展望[J]. 研究与发展管理, 2009, 21 (3): 76 - 84.

[172]罗宾斯. 组织行为学[M]. 北京: 中国人民大学出版社, 2005.

[173]理查德·达夫特. 组织理论与设计[M]. 北京: 清华大学出版社, 2003.

[174]李青原, 王永海. 资产专用性与公司资本结构——来自中国制造业股份有限公司的经验证据[J]. 会计研究, 2006 (7): 66 - 71.

[175]李维安. 公司治理学[M]. 北京: 高等教育出版社, 2005.

[176]刘志彪, 姜付秀, 卢二坡. 资本结构与产品市场竞争强度[J]. 经济研究, 2003 (7): 60 - 67.

[177]马克·J. 洛. 强管理者, 弱所有者: 美国公司财务的政治根源[M]. 上海: 上海远东出版社, 1999.

[178]斯科特, 戴维斯. 组织理论: 理性、自然与开放系统的视角[M]. 高俊山, 译. 北京: 中国人民大学出版社, 2011: 242.

[179]徐河军, 高建, 周晓妮. 不连续创新的概念和起源[J]. 科学学与科学技术管理, 2003 (7): 53 - 56.

[180]徐河军，高建，周晓妮．不连续创新、不确定性和现有企业生存[J]．科技管理研究，2003，15（5）：34－38.

[181]涂玉龙．家族影响、创新与企业绩效——基于广东省家族企业的实证研究[J]．企业经济，2012（7）：37－41.

[182]魏江，冯军政．国外不连续创新研究现状评介与研究框架构建[J]．外国经济与管理，2010（6）：9－16.

[183]谢宏，徐磊．家族企业的契约复合性及公司治理研究的突破方向[J]．改革与战略，2009，25（5）：180－182.

[184]西尔特，马奇．企业行为理论[M]．北京：中国人民大学出版社，2008.

[185]王明琳，陈凌．代理人还是管家——基于双重嵌入视角的家族企业行为及绩效研究[J]．中山大学学报：社会科学版，2013，53（2）：180－188.

[186]杨德伟．股权结构影响企业技术创新的实证研究——基于我国中小板上市公司的分析[J]．财政研究，2011，（8）：56－60.

[187]赵锡斌，费显政．非均衡性分析：企业环境研究的新视角[J]．经济与管理研究，2004（4）：52－56.

[188]张玉明，刘德胜．中小企业科技成长的外部资源依赖因素模型研究[J]．山东大学学报，2009（3）：45－51.

后　记

创新是永恒的话题，特别是在当今以“互联网+”为代表的转型浪潮下，而非连续创新是创新这个大课题中的明珠，非连续创新为企业的跨越式发展提供了强劲的动力，尤其是在中国这个不断创造经济奇迹的国度。笔者以前从事IT行业，后来从事金融行业，和许多上市公司接触过，深感中国的家族企业迫切需要企业的根本性变革来适应中国快速变化的经济和产业环境，但是家族企业的决策者们却往往找不到有效的方法来顺利实现这一变革。国外现有的关于非连续创新的研究更多的是基于国外相对成熟稳定的环境，而且国外的家族企业和中国的家族企业在成长的阶段上也存在较大的差异，所以，国外现有的关于家族企业非连续创新的研究未必适用于在中国这个快速多变环境下成长起来的本土家族企业。于是，笔者开始关注这个话题，最终完成了本书的研究。

在这里，首先我要感谢我的导师王霄教授，没有老师辛勤和耐心的指导和帮助，本书中的研究是无法完成的。老师高超的学术造诣、高尚的品德和谦逊的作风深深感染和激励了我，是我以后工作和学习中的一盏明灯！

我还要特别感谢我的家人，你们是我完成此书的精神支柱，没有你们的帮助、鼓励和支持，我是无法完成此书的，谢谢你们，我爱你们！

最后，我还要感谢我的同门，你们在自己学术繁忙的情况下，对本书的研究提供了非常多的帮助，你们乐于助人的性格和热心的帮助让我非常感动！

希望此书对国内非连续创新理论的研究提供一些有益的探索，并对国内家族企业的转型升级提供有益的帮助，这是作者从事这一研究并完成此书的小小愿望吧！

李晓宇

2019年10月修订于广州